착해도 망하지 않아

# 착해도 망하지 않아

프랜차이즈는 따라할 수 없는
동네카페 이야기

강도현 지음

| 책머리에 |

　카페라는 공간과 인연을 맺은 지 벌써 3년이 돼갑니다. 자본주의 계산법으로는 망했어도 벌써 망했어야 하는데 아직까지 살아있는 걸 보니 사명이 남은 듯합니다. 공정무역, 시민사회 공간, 문화 놀이터… 카페바인이 품은 많은 꿈들이 세상 빛을 보지 못했기에 억울해서라도 아직은 죽을 수 없나봅니다. 카페를 처음 시작하면서 열심히 꿈을 꿨습니다. 그런데 정작 꿈을 현실로 실현시키기 위한 구체적인 로드맵이 없었습니다. 마치 짙은 안개가 낀 비포장도로를 걷는 것과 같은 느낌이었죠. 앞이 보이지는 않지만 포기하지 않고 걷다보면 안개가 걷히고 뭔가 좋은 것이 나오겠지, 하는 순진함이 있을 뿐이었습니다. 그런데 안개는 걷히지 않았고 점점 이 길의 끝은 절벽이 아닐까 하는 두려움에 휩싸이기 시작했습니다.

그러다가 갑자기 길가에 서 있는 표지판을 단난 것처럼 박원순 변호사님이 카페바인에 오셨고 그 인연으로 좋은 카페들을 만날 수 있었습니다. 수원의 '우리동네', 안산의 '행복한카페', 서울 '신길동그가게', 그리고 마포 성미산의 '작은나무'. 모두 카페라는 공간을 통해 '함께 사는 가치'가 공유되고 일하는 사람이나 그곳에 머물러간 객들이나 모두 맛있는 커피 이상의 것을 얻어가는 카페들이었습니다. 우리가 그렸던 꿈들이 그 공간에서는 이미 이뤄지고 있었습니다. 비슷한 꿈들을 이뤄가는 사람들을 만나서 이야기하고 열심히 메모했습니다. 그러면서 카페라는 공간이 갖는 원형적 의미를 고민할 수 있었습니다. 소외의 시대에 인간과 인간이 마음으로 만날 수 있는 가능성을 지닌 공간으로서의 카페를 볼 수 있었습니다.

최근에는 카페가 정말로 많이 생겨납니다. 골목마다 커다란 로스팅 기계가 문 앞에 설치된 카페들이 즐비합니다. '카페 한번 차려보고 싶다'는 직장인들의 로망이 현실로 나타나는 것일 수도 있고 어쩌면 그나마 손쉽게 해볼 수 있는 것이 카페라서 이렇게 많이 생겨나는 것일지도 모르겠습니다. 과연 이 많은 카페들이 생존할 수 있을까 많이 우려스럽습니다. 그런가 하면 프랜차이즈 카페의 폭발적인 성장으로 카페라는 공간은 점점 더 개인화되어가고 있습니다. 대형 프랜차이즈 카페 매장을 들여다보면 대중 속에 소외된 개인이 보입니다. 아니 스스로 세련된 카페의 투명 유리로 세상과 자신 사이에 벽을 만들어놓는 것처럼 느껴지기도 합니다. 이미 이런 모습들이 익숙한 풍경이 되었죠. 저는 많이 아쉬웠습니다. 소외된 개인의 모습에서 외로움을 느낍니다. 그런데 수원, 안산, 신길동, 성미산을 방문하면서 그 벽이 허물어질 수 있음을 보았습니다. 다시 인간과 인간이 만날 수 있고 진실한 대화를 나눌 수 있는 꿈을 보았습니다. 이 꿈이 너무 좋고 행복해서 메모로 남겨놓았던 졸필들을 모아 부끄럽지만 책으로 엮어보았습니다.

 소개해드릴 카페들을 돌아다니고 글을 정리하면서 시종일관 제 마음을 꿰뚫었던 문장이 있었습니다. "공간은 의미있는 사건의 배경이지만 그 사건들이 모이면 공간 자체가 의미있는 사건이 된다." 제가 소개해드리고자 하는 카페들은 이미 '의미있는 사건들의 배경'을 넘어 '공간 자체가 의미있는 사건'이 되고 있는 곳입니다. 그런 카페 공간에는 힘이 있습니다. 따라할 수 없는 스토리가 공간에 담겨 있거든요. 카페를 하려면 저렇게 하라고 자신있게 내놓을 수 있는 멋진 공간들입니다. 혹여 저의 부족한 글솜씨가 멋진 카페들에 폐가 되지 않을까 걱정입니다. 혹 책을 들고 계시다면 글을 읽는 것에서 멈추지 마시고 꼭 이 카페들을 방문해보시길 부탁드립니다. 이왕이면 그 공간의 주인공들을 만나보세요. 새로운 세상이 보일지도 모릅니다.

 세상에 내놓기 부끄러운 글솜씨를 잘 다듬어주시고 글이 막힐 때마다 격려해주신 북인더갭의 안병률 대표님께 감사드립니다. 이렇게 훌륭한 출판사의 도움을 받을 수 있었던 것은 행운을 넘어 천운이었습니다. 카페바인이 만들어지고 생존해오기까지 많은 분들의 수고가 있었습니다. 돈이 많은 것도 아닌데 새로운 가치를 만들어보자고 의기투합한 투자자님들. 박종운 변호사님, 강신하 변호사님, 황병구 본부장님, 고상환 처장님, 최은상 목사님, 유명종 목사님, 오태형 선생님, 도영이, 보겸이… 단 한번도 배당한 적이 없는 구능한 경영자를, 생존하는 것만으로도 격려해주시고 도와주셔서 감사드립니다. 카페바인은 처음 커피밀로 시작했었습니다. 그 어려운 환경에서도 1년간 운영을 맡아주신 커피밀의 윤선주 목사님과 관계자 분들께도 진심어린 감사의 말씀을 드립니다.

이 책이 나올 수 있는 결정적인 계기를 만들어주신 희망제작소의 이재흥 연구원님과 '우리동네'의 안병은 대표님, '행복한 카페'의 진은아 대표님, '신길동그가게'의 최정은 대표님. '작은나무'의 전이미경 운영위원장님과 매니저님 모두 감사드립니다. 몇번에 걸쳐서 인터뷰를 진행하는 동안 한번도 귀찮아하지 않으시고 진심어린 대화를 나눌 수 있어서 참 행복했습니다. 또한 '또다른 이야기'에 소개된 '카페마을' '동네변호사카페' '이로운' '책읽는 고양이' 대표 여러분과 이 카페들을 함께 취재해주신 이은 선생님께도 감사합니다.

카페바인이 홍대에서 실패하고도 아직까지 생존할 수 있었던 것은 하나의 교회 김형원 목사님과 카페 나무정거장의 투자자들께서 아무런 조건 없이 카페바인을 받아주신 덕분에 가능했습니다. 전혀 다른 곳에서 출발한 두 카페가 하나가 된 것은 기적이었습니다. 아직도 생존의 기로에서 벗어나지 못한 상태지만 지난 3년이 기적이었고 아직도 기적의 유효기간이 끝나지 않았음을 믿습니다. 나무정거장과 함께 더 풍성한 미래가 펼쳐질 것임을 확신합니다.

누구보다도 카페바인이 존재하는 데 가장 큰 공헌을 하고 계시는 우리 스텝 분들에게 가장 큰 감사를 드립니다. 김삼중 사장님, 박미숙 매니저님, 박은지, 강보혜, 그리고 지금은 함께하지 않지만 가장 어려운 시기에 매니저로 수고를 아끼지 않으신 정범이형, 임은지씨, 그리고 손유정 모두모두 감사드립니다. 카페바인의 진짜 주인은 이분들입니다. 부족한 공간에 의미를 채워보고자 함께 고민하는 우리 운영위원 원로형님, 가락님, 상욱님, 도영, 보겸. 때로는 모호함의 경계를 헤쳐나가야 하는 어려움이 있지만 함께해주시고 힘이 되어주셔서 진심으로 감사드립니다.

마지막으로 말도 안되는 꿈을 이뤄보겠다고 멀쩡한 직장 때려치우고 카페라는 너무나도 생소한 영역으로 뛰어든 남편을 위해 타는 속은 미소로 감추고 응원해준 아내 권예은과 매일 아침 아빠에게 새로운 에너지를 채워주는 두 딸 해나, 해린, 그리고 항상 기도로 응원해주시는 양가 부모님께 최고의 감사를 드립니다.

카페가 만들어지고 운영되는 데 너무 많은 분들의 수고와 기도, 응원이 있었습니다. 일일이 거론하지 못한 제 부족함을 너그러이 용서해주십시오.

『골목사장 분투기』가 나오고 과분한 관심을 받았지만 '도대체 어쩌라는 거냐'는 탄식 섞인 비판도 없지 않았습니다. 어려운 현실 가운데서 자본주의를 돌파하는 하나의 가능성을 모색하는 카페들을 여행하며 쓴 이 책은 그에 대한 저 나름대로의 해답이자 실천적 모색의 성격을 띠고 있습니다. 물론 여전히 미흡합니다. 그러나 어두운 밤길을 비춰주는 별처럼 뚜렷하지는 않아도 어렴풋이나마 방향을 알려주는 작은 빛이 되길 소망합니다. 또한 부족한 글이지만 카페를 꿈꾸고 인간과 인간이 만나는 공간을 만들고픈 모든 동지들께 조금이나마 도움이 되기를 바랍니다. 세상은 너무나도 척박하지만 커피가 있으니 희망이 없는 것은 아닙니다. 함께 작은 희망들을 엮어나가길 기대해봅니다. 다들 힘내세요.

2012년 11월 신촌 구석에서
강도현 드림

| 차례 |

책머리에 _4
1장 커피는 만나야 한다 _12
2장 박원순을 만나다 _40
3장 우리동네 _60
4장 신길동그가게 _100
5장 작은나무 _134
6장 행복한카페 _170
7장 그 후로 '카페바인'은? _222
8장 또다른 이야기들 _256
　　커피마을 · 동네변호사카페 · 이로운 · 책읽는 고양이

1장

커피는 만나야 한다

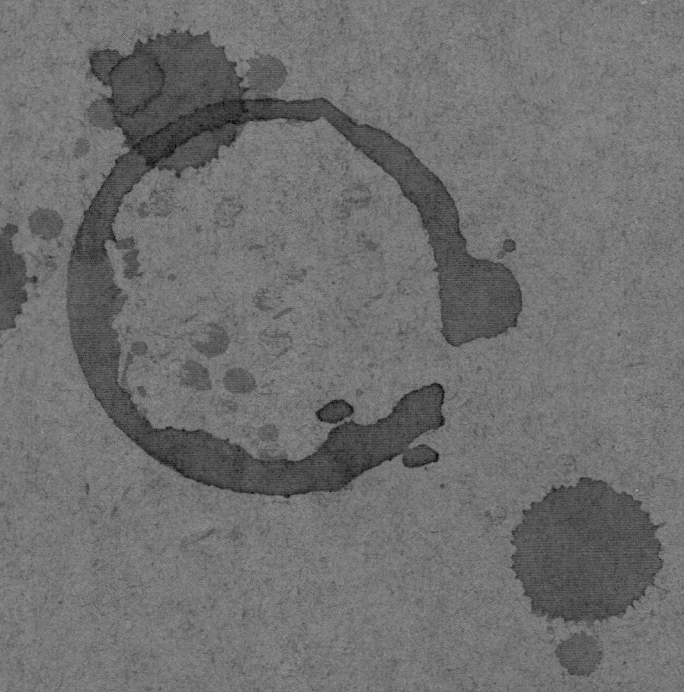

커피의 진정한 맛을 알기 위해서는 일단 바쁜 마음을 추스르고
마치 소개팅에 나가 상대방과 처음 인사를 나누는 기분으로 커피를 만나야 합니다.
상대방을 알려고 하는 의지가 당연히 있어야 하지요.
잔잔한 대화를 나누듯 커피의 향과 맛을 음미해야 비로소 그 매력을 느낄 수 있거든요.

사람도 그렇듯
커피도
한번의 만남으로는
진가를 알 수 없습니다.

## 1장
## 커피는 만나야 한다

 카페. 많은 직장인과 청년들의 로망이자 이제 곧 쏟아져 나올 베이비부머 세대의 노후 대안이기도 한 자그마한 공간. 직장인들의 절반 이상이 자영업을 한다면 카페를 생각한다죠. 음식점 차릴 만한 요리 솜씨는 없는 것 같고, 술장사는 뭔가 복잡할 것 같으니까요. 반면 커피는 설탕 둘, 프림 둘이면 누구나 좋아하지요. 따로 특별한 기술이 요구되는 것도 아니고 거의 모든 성인이 커피를 마시니 수요층도 충분한 데다 아기자기한 맛도 있으니 카페야말로 직장인의 로망으로 손색이 없죠. 그래서 이제부터 카페 이야기를 해보려고 합니다. 과연 우리의 로망이 실현될 수 있을지, 아니면 또 하나의 헛된 꿈으로 사라질지 함께 고민해보자구요.
 카페가 처음 등장한 곳은 중세 유럽입니다. 사람들이 모여서 세상

이야기를 나누는 공간이었죠. 세상과 소통하기 위해 가야 하는 곳이 카페였습니다. 그런데 어느 시대든지 권력자는 민중이 서로 대화하는 걸 싫어하잖아요. 실제로 영국, 독일, 이탈리아 왕들은 카페를 폐쇄하라는 법령을 공포하기도 했습니다. 그만큼 카페라는 공간은 민중에게 매력적이었죠.

물론 커피 자체에도 매력이 있습니다. 거부할 수 없는 향이 그 첫번째 매력이죠. 커피와 자주 대비되는 와인만큼이나 커피에도 다양한 향과 맛이 있다고 합니다. 저는 개인적으로 와인도 좋아하고 커피도 좋아하지만 솔직히 전문가들이 늘어놓는 표현에 공감할 정도로 잘 알지는 못합니다. 가끔 뭔가 안다는 사람들은 온갖 미사여구를 동원해 커피를 찬미합니다. 비유를 하는 건 좋은데 별별 향이 다 난다고 하죠. 최근 유행한 만화 『신의 물방울』에 소개된 와인들을 주인공들이 시음하는 장면을 보면 무슨 영화를 보는 것 같아요. 가끔은 아무리 노력해도 공감가지 못할 언어가 등장하기도 합니다. 어쨌든 커피든 와인이든 많이 마셔봐야 뭐가 좋고 뭐가 싫은지 알 수 있습니다. 둘 다 처음에는 퀴퀴하죠. 커피로 말하자면 맛도 쓰고 불에 그슬린 것 같은 색깔도 그다지 예쁘지 않지요. 어느 음식이나 마찬가지겠지만 커피도 일단은 궁금해서 마시기 시작하다 점점 그 매력에 빠져들기 시작하는 게 아닐까 싶습니다.

산업시대 초기에는 커피가 노동자들을 더 부려먹기 위한 각성제 역할을 했다고도 합니다. 비단 산업시대뿐만이 아닙니다. 스트레스 지수가 세계에서 가장 높은 대한민국에 사는 우리에게도 커피는 이미 단순한 디저트가 아닌 생존의 수단이 돼버렸습니다. 늦은 밤까지 일을 해야 생존할 수 있는 한국인에게 커피가 없다면 어떻게 될까요? 우리에게 커피는 밥 먹고 입안에 털어 넣어야 하는, 그래서 깨어 일하도록 돕는 맛좋은 각성제에 불과하다는 게 얼마나 슬픈 일인지. 우리는 '커피를' 즐기는 것이 아니라 '커피에' 중독되어 있습니다. '중독.' 참 슬픈 단어입니다. 봉지커피로 새벽을 깨워야 하는 우리들의 처지가 처량합니다. 커피의 맛을 알면 알수록 봉지커피에 입맛이 고정된 우리의 슬픈 현실이 안타깝게 느껴집니다.

  커피의 진정한 맛을 알기 위해서는 일단 바쁜 마음을 추스르고 마치 소개팅에 나가 상대방과 처음 인사를 나누는 기분으로 커피를 '만나야' 합니다. 상대방을 알려고 하는 의지가 당연히 있어야 하지요. 잔잔한 대화를 나누듯 커피의 향과 맛을 음미해야 비로소 그 매력을 느낄 수 있거든요. 사람도 그렇듯 커피도 한번의 만남으로는 진가를 알 수 없습니다. 처음 만났을 때는 그다지 호감을 느끼지 못했던 사람도 두세번 만나면서 매력을 느끼는 경우가 있잖아요. 커피가 그렇습니다. 만나면 만날수록 더 좋아지고 더 생각납니다. 어느 만남이든지 마음이 통하려면 여유가 있어야 하듯 커피도 느긋한 마음의 여유 없이는 진정한 맛을 알기 어렵습니다. 그런 느긋함 없이 열번, 스무번 커피를 마시다보면 그 진가도 모르고 '중독'돼버리니까요. 그런 상황은 커피를 좋아하는 게 아니라 카페인이 필요한 상황이라 말하는 게 옳겠죠. 우리가 커피를 '만나게' 되면 나날의 일상이 새로움으로 채워집니다. 커피와의 만남, 그리고 사람과의 만남에 기대가 생기지요. 예상치 못했던 상큼함과 매혹적인 향이 하루를 완전히 바꿔놓는 경험을 하게 됩니다. 마음의 여유를 원하는 사람에게 커피는 정말 가장 좋은 친구입니다.

사실 저는 커피를 별로 좋아하지 않았습니다. 워낙 단 음식을 좋아하기 대문이기도 하지만 어려서부터 커피 마시면 머리 나빠진다고 가르쳐주신 부모님 덕분이죠. 맛도 쓴 데다 머리까지 나빠진다는 커피는 도저히 이해가 안되는 음식 중 하나였습니다. 어릴 때 기억이 떠오릅니다. 예전 자판기에 프림우유라는 품목이 있었잖아요. 지금 생각해보면 뜨거운 물에 프림과 설탕을 탄 것일 텐데도 어렸을 때는 그게 어찌나 맛있던지요. 어른들 자판기 커피 마실 때 엄마를 졸라 두 컵이나 마셨던 기억이 납니다.

대학에 가서도 커피보다는 차를 좋아했습니다. 내게는 커피의 쓴맛만이 여전했고 마시면 속까지 불편했기 때문인데요. 차도 맛있는 건 아니지만 그래도 건강에 좋다는 생각에 홀짝홀짝 마셨더랬죠. 가끔 스타벅스에 갈 때면 카라멜마끼아또 혹은 카페모카를 시켜서 시럽을 타서 마셨습니다. 카페라떼는 부드럽기는 한데 뭔가 2프로 부족한 맛이었고 아메리카노는 아예 고려 대상이 아니었습니다. 카푸치노는 그저 카페에서 구색 맞추기 위해 메뉴판에 써놓는 것이라 생각했습니다. 제 주위에는 카푸치노를 찾는 사람이 정말 한 사람도 없었으니까요. 에스프레소는 진짜 커피 마니아가 (솔직히 멋 부리기 위해서) 마시는, 나하고는 전혀 상관없는 음료였지요.

군대에서 장교로 근무할 때는 커피담당 병사가 타주는 커피를 정말 좋아했습니다. 사무실마다 커피, 프림, 설탕의 비율이 조금씩 달랐는데 유독 맛있게 타는 병사가 있었습니다. 점심 식사를 마치고 그 사무실에 들러서 커피 한잔 얻어먹는 게 일과였습니다. 달달하면서도 커피의 쓴 맛을 잃지 않도록 타는 것이 군대 커피의 핵심이죠.

대학을 졸업하고 직장에 다니면서 커피와 접하는 횟수가 늘어났습니다. 직장생활을 하면서는 출근 전에 카페에 들러 라떼 한잔 들고 사무실로 들어가는 게 유행이었습니다. 그런데 세대가 또 바뀐 걸까요, 사람들은 언제부턴가 아메리카노를 마시기 시작했습니다. 여전히 봉지커피가 우위를 차지하고 있지만 조금 더 고급스러운 커피를 원하는 사람들이 많아졌나봅니다.

스타벅스로 대표되는 '비싼 커피'의 수요는 기하급수적으로 늘어났고 최근 한국에서는 '카페베네'라는 유례를 찾기 힘든 토종 브랜드의 출연으로 다시 한번 커피의 힘을 확인하게 되었습니다. 하기야 커피와 전혀 상관없던 나같은 사람도 아메리카노와 카페모카 사이를 고민하게 되었으니 커피의 대중화는 놀라울 정도입니다. 그러나 다시 강조하지만, 카페라는 업종이 직장인들의 로망, 퇴직자들의 대안으로 적합한지는 한번 더 꼼꼼히 살펴볼 필요가 있습니다.

### 실패한 이야기를 공개합니다

지금은 저도 커피를 좋아하지만 사실 2년 전까지만 해도 커피에 대해 그다지 우호적이지 않았습니다. 제 본업은 금융입니다. 3년간은 컨설턴트로, 또 3년간은 헤지펀드의 트레이더로 일하던 직장인이었죠. 그런가 하면 고등학생 시절부터 빈곤, 장애인, 경제, 정의 등 사회문제에 관심이 많아 자연스럽게 시민운동에 참여했습니다. 그래서 성인이 되어서도 좋아하는 정치인들에게 적지만 후원금도 보내고 시민단체에 가입해 활동도 하며 오지랖 넓은 직장생활을 했습니다.

그렇게 나름 재미있게 살던 어느날 제 삶에 급격한 변화가 찾아옵니다. 소위 '운동파' 선배들에게 특별한 부탁을 받았는데, 함께 카페를 해보지 않겠느냐는 제안이었습니다.

카페? 저에게 카페는 사람을 만나는 장소였습니다. 어떤 이는 스타벅스 커피가 맛있다고 하는데 저는 편의점에서 파는 커피가 더 맛있다고 주장하는 사람이었죠. 2천원이면 충분히 맛있는 커피를 마실 수 있는데 (게다가 커피가 내게는 일순위도 아니었고) 5천원씩이나 주고 커

**다시** 강조하지만, 카페라는 업종이 직장인들의 로망, 퇴직자들의 대안으로 적합한지는 한번 더 꼼꼼히 살펴볼 필요가 있습니다.

피를 마시는 건 순전히 '자릿값' 때문이라고 생각했습니다. 카페에서 시간을 보내고 돈을 내면서도 기쁘지 않았죠. 특히 테이크아웃 커피 값도 똑같이 5천원인 건 정말이지 이해할 수 없었습니다. 제 주위에 있는 사람들도 그런 생각을 하는 것 같았습니다.

그렇다면 이왕에 자릿값 내는 거 좀더 의미있는 일을 하는 카페로 사람들이 오지 않을까 하는 생각이 들었습니다. 사람과 사람이 만나는 장소, 소통이 부재한 시대에 진정한 만남이 있는 공간. 매력적이잖아요. 제가 명색이 컨설턴트인데 경영이야 자신있다고 생각했습니다. (지금 와서 보니 착각이었지만요^^) 시민운동의 인적 네트워크도 있고 하니 적자를 내지는 않으리라는 확신이 들었습니다. 시민운동가라는 직업이 사람 만나고 다니는 거니까 의미있는 공간을 만들면 다들 올 것이라 생각했던 것이죠. 커피도 공정무역으로 들여온 콩을 볶아서 파니 명분도 있겠다, 경영엔 자신있겠다, 큰 고민 없이 알겠노라 답을 해버렸습니다. 그렇게 실패의 이야기는 시작됩니다.

실패 스토리를 공개하는 것은 카페 창업을 꿈꾸는 많은 이들이 같은 실수를 범하지 않도록 돕기 위해서입니다. 그리고 성공에 대한 확신만큼 위험한 요소도 없기 때문입니다. 성공 스토리보다는 실패 스토리에 귀기울여야 생존의 가능성을 높일 수 있습니다. 성공은 그 다음입니다. 지금부터 상세하게 창업 과정을 이야기하려 합니다. 읽으시면서 어떤 부분이 실패의 요인이었는지 찾아보시면 어떨까요. 실패의 이야기를 말씀드리고 나서 제가 분석한 실패요인도 물론 말씀드리겠습니다. 독자께서 찾으신 요인과 비교하시면 좀더 의미있는 책읽기가 될 것입니다.

 선배들과 카페를 하자고 의기투합한 날부터 카페를 오픈한 첫날까지 걸린 시간은 단 두 달이었습니다. 그 전부터 카페를 하자는 말들이 있었지만 누가 얼마의 투자금을 출자할 것인지 결정한 날부터 두 달 정도가 걸린 것이지요. 그렇습니다, 우리가 처음 한 일은 돈을 모으는 일이었습니다. 원래 창업의 과정이 그렇지 않나요? 일단 돈이 있어야 보증금과 권리금이라도 낼 테니까요. 다들 직장인이라 돈이 없었는데 변호사 선배님이 좀 크게 출자를 하셨고 헤지펀드에 다니는 친구가 큰 뭉치를 내놨습니다. 우리가 의미있는 일을 시작한다는 말을 듣고 여기저기서 5백만원, 천만원 투자를 해주셨습니다. 그렇게 모인 돈이 대략 1억 4천만원이었습니다.
 돈을 모으고 두번째로 한 일은 카페를 열 장소를 찾는 것이었습니다. 이 과정은 그리 어렵지 않았습니다. 우선 운동movement이 가능한 장소여야 했기 때문에 일반 대중에게 쉽게 다가갈 수 있는 장소를 택해야 했습니다. 유동성이 많으면 당연히 장사도 더 잘될 것이라 생각했죠. 시민운동가들이 집결해 있는 장소라면 더없이 좋다고도 생각했고요. 후보지로 뽑은 대학로, 홍대, 숙대, 광나루, 충정로 등을 돌아다녔습니다. 그중 유동인구도, 운동가도 많은 지역은 대학로와 홍대였습니다. 둘 다 유동인구가 최고입니다. 대학로역, 홍대역 모두 사람 발 디딜 틈이 없었죠. 이런 곳에서 장사하면 금방 대박 나겠다는 생각이 들었습니다. 대학이라는 확실한 수요층이 있고 운동가들도 많았으니까요.

그런데 문제는 임대료였습니다. 전문가들로부터 임대료가 월 3백 이상이면 독립카페로서 운영이 어렵다는 조언을 들었습니다. 그런데 대학로와 홍대에서 월세 3백이 넘지 않는 장소를 구하려면 일단 우리가 원했던 메이저 상권은 모두 포기해야 했습니다. 길가에서 한참 들어간 장소에, 일층은 당연히 엄두도 못 냅니다. 우리가 하려고 하는 카페의 특성상 최소한 20평 이상은 돼야 하는데 메이저 상권에 20평이면 임대료만 7~8백이 넘었습니다. 천만원이 넘는 점포도 있었습니다. 그리고 당시에는 카페 장소로 적당한 점포가 많지 않았습니다. 어쩌다가 하나씩 나와도 메이저 상권과 너무 멀어서 도저히 장사할 엄두가 나지 않는 지역이었습니다. 일단 사람이 와야 커피를 팔 텐데 주변에 주택만 보이고 돌아다니는 사람은 보이지 않으니 저희 눈에는 차지 않았던 것이죠.

결국 역주변이 아닌 홍대 큰길가에 있는 건물 이층을 선택했습니다. 건물은 좋아 보였습니다. 리모델링을 해서 깨끗했고, 무엇보다 권리금이 없었죠. 임대면적이 34평이었는데 보증금 7천만원에 임대료가 월 374만원이었습니다. 권리금이 없으니 그 정도는 해볼 수 있겠다는 생각이었습니다. 우리가 큰돈을 벌겠다는 것도 아니고 의미있는 일을 해보자는 것인데, 적자 안 내고 유지만 해도 괜찮다고 생각했습니다.

문제가 있다면 홍대 정문에서 상수역 방향의 도로변에 위치해 있어 홍대입구역보다는 유동인구가 적다는 점이었습니다. 그래도 그런 요소들이 임대료에 다 포함된 것이라 생각했습니다. 인건비는 되도록 많이 주자는 것이 투자자들의 의견이었습니다. 처음에야 시장 평균에 맞추더라도 점차 임금을 늘리고 직원 복지만큼은 제대로 챙겨주자고 했습니다. 투자자 중에는 풀타임으로 카페에 근무할 수 있는 사람이 없으니 매니저와 알바를 고용해야 했습니다. 오전 11시에 오픈해서 오후 11시까지 12시간 동안 두 사람이 카운터를 지키려면 대략 350만원의 인건비가 소요됩니다. 거기에 월세, 원자재, 공과금, 통신비 등을 따져볼 때 대략 8백만원 매출을 올리면 적자 내지 않고 운영이 가능하리라 예상했습니다.

### 과연 월 8백만원의 매출을 올릴 수 있을까?

자영업이든 큰 사업이든 운영자에게 가장 크고도 중요한 고민은 무엇일까요? 아마도 물건이 얼마나 팔릴까 하는 고민일 겁니다. 아무리 좋은 제품을 선보여도 고객들에게 선택받지 못하면 사업은 망합니다.

그런데 꼭 물건이 팔리지 않아 망하는 것만은 아닙니다. 사업 초기부터 흑자를 내는 경우는 드뭅니다. 홍보와 마케팅을 하는 데 시간이 걸리기 때문이죠. 매출은 꾸준히 오르는데 적자폭을 잘못 측정해서 망하는 경우도 있습니다. 준비된 자금으로 적자폭을 막지 못하는 것이죠. 시간 경과에 따라 매출이 얼마나 될지 예측하는 능력은 생존을 위한 기초항목입니다.

저희 매장은 30평 정도였습니다. 네 사람 앉을 수 있는 테이블 9개가 들어갑니다. 최대 40명이 한번에 앉을 수 있는 규모죠. 점심식사 시간 이후 한번, 저녁식사 이후 한번, 심야 시간대에 한번, 이렇게 세 번은 채울 수 있을 것으로 생각했습니다. 테이크아웃도 있으니 하루에 대략 커피 100잔 정도 팔 수 있을 것으로 본 것이죠. 1인당 매출 평균 4천원 기준으로 하루 총 40만원 매출을 예상했습니다. 한달에 25일을 영업하면 대략 천만원입니다. 그렇다고 초반부터 이 정도 매출이 가능하리라 보지는 않았습니다. 저희가 사업을 시작하면서 모았던 1억 4천만원 중 보증금과 인테리어 설비까지 대략 1억 2천만원을 썼습니다. 인테리어는 공정무역 카페 프랜차이즈인 '커피밀'의 도움을 받아 비교적 싸게 해결했습니다. 총 2천만원이 남았으니 최소한 네 달 정도는 버틸 수 있을 것으로 생각했습니다. 아무리 못 팔아도 월 3~4백은 벌어들이지 않을까 확신했죠.

이렇게 카페가 시작되었습니다. 2009년 11월 21일 카페바인 그랜드 오픈, 기대에 부푼 마음으로 카페문을 열었습니다.

### 무한한 자신감이 불러온 최악의 시나리오

독자께서 카페를 운영해보신 적이 있거나 카페가 아니라도 어떤 사업체를 경영해본 경험이 있으시다면 지금까지의 과정에서 이미 많은 실패요인을 찾으셨을 겁니다. 지금 생각해보면 오픈도 하기 전에 이미 실패는 정해져 있었습니다. 저도 컨설턴트로 일해봤기 때문에 매출예측이나 마케팅, 원가관리 같은 최신 경영모델에 대해서 누구보다 잘 알고 있습니다. 실제로 여러 기법들을 적용해본 경험도 있었지요. 그러나 정작 내 사업에 적용할 때는 과거의 경험이 다 소용없었습니다. 참 희한하지요. 1억이 넘는 돈을 써가며 사업을 시작할 때는 모든 가능성을 검토하고 돌다리도 하나하나 두들기며 건너야 하는 법인데 이토록 일사천리로 일을 진행했으니 말이에요. 게다가 카페를 해본 것도 아니고 커피를 그리 좋아하는 것도 아니면서 그랬으니 이런 무한한 자신감은 대체 어디서 나왔는지 궁금하지 않으세요?

카페를 시작하기 전 가장 기본적으로 해야 할 일이 무엇이었을까 되돌아봅니다. 지금 생각해보니 카페를 해본 사람의 이야기를 듣는 것이었습니다. 과연 홍대에서 커피가 얼마나 팔릴까 혼자 고민하는 것보다는 팔아본 사람의 이야기를 듣는 것이 가장 객관적이고 정확합니다. 그런데 저는 그렇게 하지 않았습니다. 며칠간 후보지 앞에서 유동인구를 조사하고 주변 카페의 손님 수를 세어봤습니다. 거기에다가 저희가 추구한 착한 소비라는 아이템으로 추가될 마케팅 효과를 기대했습니다.

주변에 사업을 해보신 분들에게서 분석을 철저히 하라는 조언을 받았습니다. 저는 컨설턴트로 일하면서 분석만 하던 사람이었습니다. 주제가 뭐든지 분석에는 자신이 있었습니다. '분석을 철저히 하라'는 조언에 '알겠습니다' 하고 웃으며 답했지만 속으로는 '저는 이미 잘하고 있거든요'라고 답했던 거죠. 가끔 홍대에서 독립카페로 성공하기가 쉽지 않을 거라는 이야기를 들을 때면 그건 경영능력의 부족 때문이라고 (마음속으로) 답했습니다. 실패의 경험을 통해 내가 얼마나 교만한 태도를 가지고 있었는지 뼈저리게 깨달았습니다. 과거의 경험이 긍정적인 요소로 작용하기 위해서는 철저히 자신을 객관화하고 나의 논리에 어떤 허점이 있는지 기를 쓰고 찾아내는 것이 생존의 필수과목임을 뒤늦게야 알게 된 것이지요.

저에게 실패를 안겨준 이 무한한(혹은 무안한?) 자신감의 근거는 무엇이었을까요? 나중에 지역에서 튼튼히 자리잡은 마을카페들을 돌아다니며 스스로에게 던진 가슴 아픈 질문이었습니다. 저를 잘 아는 사람들은 원래 제가 과도한 자신감에 젖어 있다고 합니다. 인간이 원래 교만한 존재이기도 하지만 제가 워낙에 긍정적입니다. 그러다보니 추진력은 좋은데 수습이 잘 안됩니다. 제가 일을 하면 뭔가 추진이 되기 때문에 사람들이 좋아하고 칭찬을 해줍니다만 항상 뒤처리하는 사람들에겐 원망을 사지요. 원래 앞에서 추진하는 사람은 칭찬을 받고 뒤처리하는 사람은 드러나지 않는 법이잖아요. 제가 사람들에게 받은 칭찬은 저 때문에 뒤에서 수습만 해야 했던 사람들의 고생을 발판삼아 가능한 것이었지요. 이런 사실을 실패를 겪고서야 깨달았으니 얼마나 어리석은 인간입니까! 자신의 어리석음과 약점을 깨닫는 것이 실패를 막는 가장 확실한 방법입니다.

실패를 불러온 무한 자신감의 두번째 근거는 저의 자신감을 긍정해준 주변 사람들이었습니다. 제 아내는 늘 제가 하는 일에 물음표를 던지곤 하는데요. 한번은 '왜 남편에게 힘을 주지 않고 항상 부정적인 이야기만 하느냐'는 저의 투정에 아내는 '당신 하는 일에 나마저 긍정하면 진짜 크게 망한다'고 답해주더군요. 웃으며 나눈 이야기였지만 뼈있는 한마디가 아닐 수 없습니다. 아내는 제 주변에 저를 지지해주는 사람이 너무 많아서 스스로 객관화할 수 있는 능력이 떨어진다고 생각한 것이지요. 역시 여자의 말을 들으면 망할 일이 없다던 선배들의 충고가 옳았습니다.

제 주변에는 저를 긍정해주는 친구, 선후배들이 정말 많습니다. 제가 좋은 의도를 가지고 카페를 하겠다고 했을 때 저를 적극적으로 말린 사람은 한 사람도 없었습니다. 충고를 해도 '조심해야 한다, 충분히 검토하고 해라' 정도였지요. 사실 스스로를 객관화한다는 게 얼마나 어려운 일인지 모릅니다. 가장 좋은 방법은 내가 신뢰하는 사람의 반대에 부딪히는 것입니다. 허심탄회하게 서로의 의견을 교환하고 반대의견을 조율하는 과정에서 스스로를 객관화할 수 있는 가능성이 높아지니까요. 성공적인 카페를 기획하기 위한 가장 확실한 방법은 그 기획에 반대하는 사람을 찾아서 함께 고민하는 것입니다.

무한한 자신감의 세번째 근거이자 가장 중요한 근거는 다름 아닌 '돈'이었습니다. 카페를 하겠다고 생각하고 나서 우리는 돈을 모았습니다. 어떤 카페를, 왜, 어떻게 할 것인지에 대해서는 크게 고민하지 않았습니다. 기존에 우리가 하던 시민운동을 좀더 효과적으로 하기 위해서는 공간이 필요하다는 것, 그리고 카페 공간을 공익적인 목적으로 활용하자는 정도였습니다.

돈이 모이고 나니 일이 빨리 진행됐습니다. 큰 고민 없이 매장을 결정했습니다. 우리에게 중요한 것은 생존 가능성보다는 접근 가능성이었습니다. 스스로의 능력을 너무 과대평가하기도 했고, 돈이 있으니 그런 고민을 할 필요도 없었습니다. 반년은 버틸 돈이 있으니 문제가 있으면 그때 해결하면 될 일이었지요. 돈이 주는 자신감은 정말 대단합니다. 실패 시나리오에 대해서는 전혀 생각을 못하게 하니까요. 카페를 시작하기 전 지인으로부터 사업이 생각했던 대로 진행되지 않을 경우를 대비한 대안contingency plan을 먼저 마련하라는 조언을 들었습니

돈이 주는 자신감은
정말 대단합니다.
실패 시나리오에 대해서는
전혀 생각을
못하게 하니까요.

다. 거인사업에 한차례 실패하고 재기에 성공하신 분이었습니다. 그러나 '돈'이 있었기에 그 중요한 조언을 흘려들었습니다. 저뿐만이 아닐 겁니다. 자영업을 시작하는 분 중에는 퇴직금처럼 '이미 마련된' 자금으로 사업을 시작하는 경우가 많습니다. 자영업 생존율이 20프로가 안되는 가장 큰 이유가 바로 그것 때문이 아닐까 생각합니다. 돈은 치열한 고민을 방해합니다.

### 좋은 의도의 함정

저희가 카페를 시작하게 된 이유를 좀더 자세히 이야기하고자 합니다. 사람들은 제가 카페를 한다 하면 거의 같은 반응을 보입니다. '나도 의미있는 카페를 하고 싶었다'라고요. 사실 말은 '싶었다'는 과거형이지만 속뜻은 현재진행형의 꿈이지요. 저희도 그렇게 시작한 것이고요. 좋은 생각과 실천력이면 사람들이 알아줄 것이라 생각했습니다. 카페를 시작하면서 제가 고객들에게 쓴 글이 몇 있습니다. 그중 두 개만 소개하겠습니다. 저희가 왜 카페를 시작했는지 설명하는 글들입니다.

> 요즘 우리 세대를 부르는 용어가 많다. 그중 하나가 '1평 세대'다. 독서실, 고시원, 컴퓨터, 플레이스테이션, 이제는 스마트폰까

지 삶의 대부분이 1평 안에서 해결된다. 더 정확히 말하면 1평 안에서 해결하도록 강요받는다. 우리는 1평 박에서 어떤 일이 일어나는지 큰 관심이 없다. 그리고 1평이라는 작은 공간이 확보되지 않으면 굉장히 불편하고 못마땅하다. 요즘 뜨고 있는 소셜 미디어는 그 공간 밖에 있는 사람들과 소통을 시도하는 것이라 할 수 있다. 그러나 그것은 어디까지나 나의 1평이 유지되는 것을 전제로 한다. 연결되어 있지만 동시에 소외된 상태, 혹은 소외된 채로 연결된 상태.

우리 카페에서는 그 1평이 넓어졌으면 한다. 카페바인에 있다는 사실만으로 인격적인 만남이 이루어졌으면 좋겠다. 사실 카페바인은 주변 카페에 비해서 부족한 점이 너무 많다. 홍대에는 스타벅스, 커피빈, 카페베네 등 메이저 카페들을 비롯해 유명하고 예쁜 카페가 널려 있는 곳이다. 특히 아름다운 1평을 구하는 사람들에게는 더더욱 그렇다. 그럼에도 카페바인이 '나'의 공간을 조금 넓혀 '우리'가 함께 공존할 수 있는 공간을 원하는 사람들에게는 찾고 싶은 카페이고 싶다. 인터넷 공간의 비인격적 접속이 아닌 눈과 눈이 마주치는 인격적인 만남의 이야기로 변하는 공간이고 싶다.

『스토리가 스펙을 이긴다』라는 책이 있다. 처음 책 제목만 듣고도 가슴이 울렁거렸다. 우리 시대에 가장 필요한 이야기는 바로 스펙을 이기는 이야기다. 요즘은 스펙이 사람 죽이는 시대다. 스펙 쌓지 않으면 죽는다는 협박이 어쩌다가 상식이 돼버렸다. 이건 숨을 쉬어도 살아있는 게 아니다. 스펙 때문에 정말로 숨 못 쉬는 사람들도 많다. 카페바인에서는 숨 좀 쉬었으면 좋겠다. 스펙이 아닌 스토리가 만들어지는 곳, 바로 창조적인 만남이 있는 공간이다. 인간적이고 창조적인 이야기를 만들어갈 수 있는 공간이고 싶다. 살아있는 느낌이 있는 곳, 사람 살리는 이야기가 들려지는 공간 말이다.

카페바인은 소비문화의 메인스트림에서 더 화려한 '소비'가 아닌 함께 살아가는 '가치'로 승부할 수 있는지 실험하는 장소다. 성공하든 실패하든 이것은 하나의 스토리가 되어 많은 사람들에게 기억될 것으로 확신한다. 이 재미있고 신나는 이야기에 많은 분들을 초대하고 싶다. 바로 당신과 함께 그 이야기를 만들어가고 싶다. 인격적인 만남과 창조적인 스토리가 엮어지는 곳, 바로 카페바인에서 당신과 커피 한잔하며 이야기를 나누고 싶다.

다음으로 소개할 두번째 글은 오픈하고 10개월 후에 쓴 글입니다. 연속되는 적자로 쌓아둔 돈이 다 날아간 뒤에 쓴 글이지요. 처음 소개한 글과는 달리 절박함이 스며 있지 않을까 생각합니다.

사람들의 마음을 한마디로 표현할 수 있는 단어가 있을까? 풍요. 주변을 돌아보면 우리는 지금까지 경험해보지 못한 풍요로움을 누리며 산다. 어디를 가든지 먹을 것이 넘쳐나고 추위를 피할 거처가 있다. 주변에 사람들은 어찌나 많은지 시간마다 울려오는 휴대전화 벨소리에 귀찮아하면서도 그들의 침묵에는 서운해한다. 값비싼 명품가방이 대한민국에서는 어떻게 국민가방이 되었는지.

커피는 어떨까? 아프리카, 브라질, 인도네시아, 필리핀, 베트남, 콜롬비아… 조금만 걸어가도 세계 어느 곳에서 만들어진 커피든 5천원짜리 한장으로 그 향을 마실 수 있다. 국민가방은 왼손에, 테이크아웃 커피는 오른손에 들고 길을 걸으면 풍요의 시대에 최첨단을 걷는 차도녀, 차도남이 된다.

이 풍요로움을 누가 마다할 것이며 풍요 속에서 자신의 행복을 찾아가는 사람들을 누가 정죄하겠는가. 그러나 엄청난 풍요를 살아가는 당신은 과연 행복한가? 진학, 취업, 승진, 성공… 풍요의 원천이라고 할 만한 이런 단어들이 사실 우리에게 가져다준 건 정작 초조함과 절망, 외로움 아닌가? 오히려 우리는 풍요보다 '생존'이라는 단어에 더 공감한다.

그렇다. 사실 우리는 풍요롭지 못하다. '풍요 속의 빈곤'이라는 식상한 문구 앞에서 또 한번 고개를 끄덕이지 않을 수 없다. 우리는 정말로 빈곤하다. 이렇게 풍요로운 세상에서 이토록 빈곤에 절어 있는 우리의 모습이 참으로 이상할 뿐이다. 무엇이 우리를 마음 한구석에 시 한편 떠올리지 못하는, 도무지 가슴이 뛰지 않는 로봇으로 만들었을까? 건전지만 넣으면 어떡해서든 움직여야만 하는 로봇 말이다.

  우리는 그 답을 '소외'라는 단어에서 찾았다. 마르크스가 내린 정의를 들이대려는 것은 아니다. 그저 우리 자신을 솔직히 들여다보니 그렇다는 말이다. 우리는 '소외'의 대상이거나 주체다. 사회, 타인, 나 자신을 끊임없이 소외하고 또 그들로부터 소외당한다. 우리 대부분은 지금도 굶어 죽어가는 사람들을 철저히 외면한다. 누군가와 함께 대화를 나누면서도 내면 깊은 곳의 이야기를 나누는 것은 어색해한다. 삶의 목적과 존재이유를 끊임없이 묻는 자아의 외침을 애써 외면한다. 그런 것을 고민하다보면 풍요에서 멀어질 것 같은 막연한 두려움 때문이다. 아, 소외된 인간. 우리는 이 빈곤을 벗어날 수 있을까?

  그래서 우리는 움직이기로 했다. 사실 '소외'는 움직이지 않는 것이다. 착한 사마리아인처럼 좋은 이웃이 되지 않는 것이고, 내 주변 사람들의 마음을 들여다보지 않는 것이다. 내 존재이유와 자아의 외침을 듣지 않는 것이 바로 소외다. 그래서 결단했다. 우리는 소외에서 멀어지기로, 가만히 있지 않고 행하기로……

우리는 사람과 사람을 이어줄 공간을 마련하려고 한다. 커피잔에는 커피가 지닌 역사적 아픔을 씻어낼 '공정무역'의 정신을 담아내고, 커피를 마시는 사람의 마음이 우리 시대의 고통받는 사람들과 이어지도록 도울 것이다. 누군가와 대화를 나눌 때 마음속 깊은 곳에 머물고 있는 진실이 서로의 얼굴에 비춰질 만한 진실된 공간을 만들려고 한다. 혼자 있어야 할 때, 자아의 외침을 들어야 할 때 갈 수 있는 그런 공간 말이다. 인간은 시간이 아닌 공간을 살아가는 존재라 했다. 카페바인에서는 흐르던 시간조차 머물러 가도록, 인간이 진정 인간의 모습으로 소외되지 않는 그런 공간을 그려내고 싶다.

오후에 커피 한잔, 저녁에 와인 한잔… 이 향들이 온 공간을 휘감으며 추억할 만한, 기억해낼 가치가 있는 공간과 향. 카페바인을 찾는 모든 분이 자신만의 기억을 새겨넣을 수 있는 향과 공간. 지금으로부터 수년, 아니 수십년이 지나고 여기를 찾는 사람들에게 추억되고 기억됨으로써 카페바인의 존재이유는 세워질 것이다.

어떻습니까, 조금은 절박함이 느껴지시나요? 사람들은 제 글을 읽고 기꺼이 호응해주었습니다. 좋은 일 한다며 격려도 해주었습니다. 그렇다면 경영상황에는 어떤 진전이 있었을까요? 솔직히 말씀드려서 '좋은 의도'가 카페 경영에 미친 영향은 아주 미미했다고 생각합니다.

오히려 저희가 제시한 의도에 공감하지 못한 고객들은 불편함을 느꼈고 곧 매출 하락으로 이어졌다는 것이 정확한 평가입니다. '좋은 생각', 혹은 '자기만의 색깔'은 시장을 오판하게 만듭니다. '추구하는 것'과 '고객이 원하는 것' 사이의 간격을 연결해줄 전략적 매개가 필요합니다. 저희에게는 그 '매개'가 없었습니다. 그것은 공간적 배치, 시각효과 등으로 나타나며 모든 테이블과 메뉴판에 드러납니다. 제가 마을카페를 찾아다니며 본 것이 바로 그 '매개'입니다. 무엇이 '추구하는 것'과 '필요한 것' 사이를 이어주는가? 이 질문에 대한 답이 앞으로 이 책이 제시할 내용입니다.

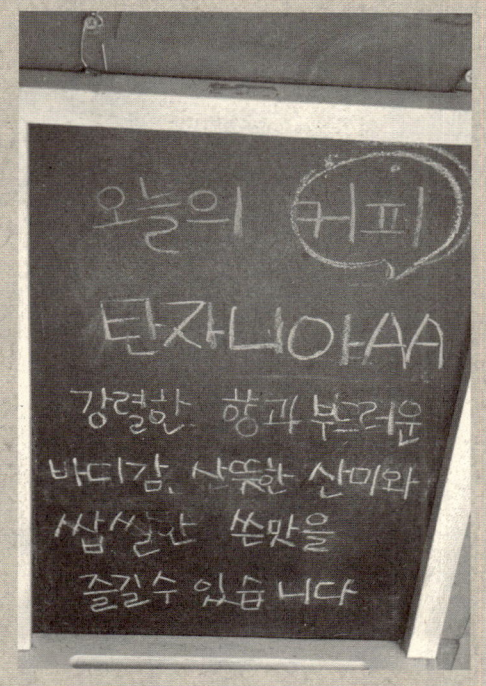

**무엇이** '추구하는 것'과
'필요한 것' 사이를 이어주는가?
이 질문에 대한 답이 앞으로
이 책이 제시할 내용입니다.

2장

박원순을 만나다

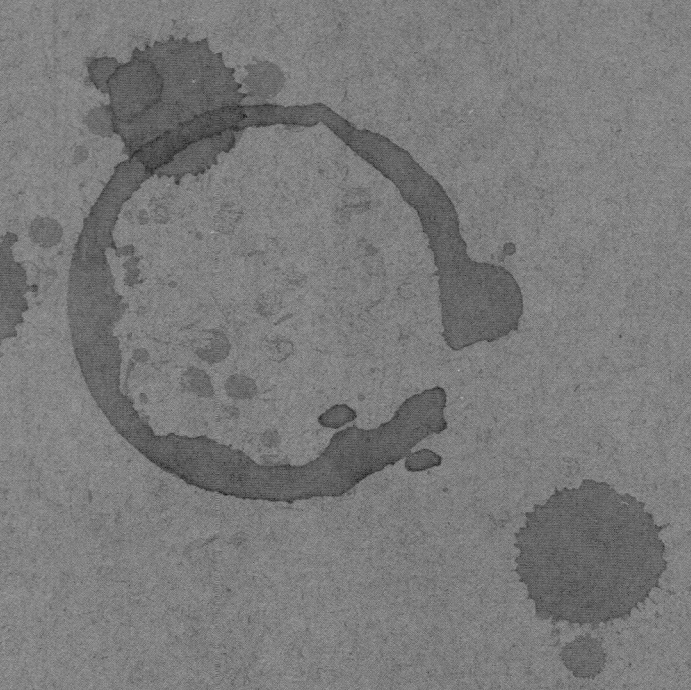

커뮤니티카페는 브랜드와 이미지를 보고 찾아오는 것이 아니라
카페 공간의 사람들을 만나러 옵니다.
사람과 사람이 이어지는 공간으로서의 카페는 최고급 인테리어가 필요없습니다.
의미있는 일들이 지속적으로 일어나고
만나고 싶은 사람이 공간에 있어야 하겠지요.

그래서 커뮤니티카페의 핵심은
인테리어나 커피가 아니라
사람입니다.

## 2장
# 박원순을 만나다

### 노아의 방주, 박원순

적자가 쌓여서 도저히 한달을 이어가지 못할 것 같던 오후에 누군가에게 SOS를 치고 싶었습니다. 누가 우리를 도와줄 수 있을까? 문득 떠오르는 이름이 있었습니다. 박원순. '그래, 이분이면 우리를 도와주실지도 모른다'는 막연한 생각에 박원순 변호사님(지금은 시장님이 되셨지만 만날 당시는 아니었습니다. 이 책에서는 그냥 변호사님이란 호칭으로 쓰겠습니다)에게 트위터 메시지를 하나 보냈습니다.

박변호사님 안녕하세요. 저는 홍대에 있는 작은 카페의 기획자 강도현이라고 합니다. 운동가들이 만든 카페구요. 프랜차이즈 자본주의가 지배하는 홍대 바닥에서 새로운 가능성을 열어보고자 무작정 열었습니다. 시대의 흐름을 역행하는 무브먼트를 꿈꾸고 있습니다.

　이제는 거의 사라져버린 인문학과 사회정의가 서려 있는 공간을 만들어가고자 합니다. 혹 변호사님께서 지나가실 때 방문해주신다면 크나큰 영광이겠습니다. 감사합니다.

박원순 변호사에게 이런 메시지를 남기는 사람이 얼마나 많겠어요? 대한민국에서 가장 바쁜 사람 중 한분에게 울림있는 메시지를 남기려면 얼마나 대단한 문장이 필요하겠어요? 하지만 보시다시피 그다지 대단한 문장도, 감동적인 메시지도 아니었습니다. 게다가 트위터는 짧게 써야 하잖아요. 그런데도 답장이 왔습니다. 궁금하다고, 자세한 내용을 이메일로 보내달라고 말이죠. 메시지를 받는 순간 가슴이 떨렸습니다. '망하지 말라는 뜻이구나' 하는 생각이 들었습니다. 사실 박원순 변호사님이 우리 카페에 오신다고 변하는 것은 없습니다. 여전히 임대료는 월 4백일 테고 사람이 더 많이 올 것도 아닙니다. 그러나 뭐랄까, 우리의 생각에 공감하는 사람들이 아직도 있구나, 그러니까 아직 희망을 버릴 때가 아니구나 하는 안도감이 들었던 것이죠. 박변호사님께 당장 이메일을 썼습니다.

박원순 변호사님 안녕하십니까?

트위터로 연락드린 강도현입니다.

수많은 사람들이 트위터나 다른 매체를 통해 변호사님과 소통하고 싶어할 텐데 저희같이 이름 없고 작은 사람들에게까지 관심을 가져주셔서 정말 감사드립니다.

저희 카페 이름은 카페바인입니다.

홍대 클럽들이 즐비한 거리에 위치하고 있고요.

반경 50m 안에 카페베네, 커피빈, 커피스미스 등이 위치하고 있습니다.

프랜차이즈의 거리라 해도 무방한 곳이지요.

저희가 작은 카페의 무덤이라 할 수 있는 이곳에 들어온 것은 프랜차이즈 자본주의를 거부하고, 17세기 유럽에서 민주주의에 대한 열망이 분출하던 시절, 사람들이 모이고 새로운 사상이 전파되던 카페의 본래 모습을 만들어보자는 무모한 꿈 때문이었습니다.

그런데 역시나 자본주의의 냉혈함은 어쩔 수 없었습니다.

생존을 위해서는 우리 시대 사람들의 필요를 채워주어야 했고요.

문제는 우리 시대 사람들의 필요라는 것이 대규모 자본이 투입되지 않고서는 채워지기 어렵다는 것이었습니다.

물론 소규모 동네카페를 할 수도 있지만 사람들을 모으기 위해서, 그리고 자본주의 문화를 거스르기 위해서는 자본주의 한복판에서 살아남고 싶었습니다.

결과적으로 저희는 계속되는 위기와 싸우고 있습니다. 언제 우리의 꿈을 접어야 할지 모르는 상태입니다. 직원들 월급 주기도 쉽지 않은 상황의 연속이지만 저희가 가진 꿈만은 사그라지지 않도록 마지막까지 불태울 생각입니다.

저희 블로그는 아주 미천합니다.(http://blog.naver.com/vinestreet/90111090133). 제가 카페의 존재의미에 대해서 쓴 글입니다.

저희 쪽 선구자이신 박변호사님께서 이렇게 관심 가져주신 것만으로도 힘이 납니다.

혹 박변호사님 강의를 저희 카페에서 들을 수 있다면 큰 영광이겠습니다.

감사합니다. 강도현 드림

솔직하게 썼습니다. 생각 같아서야 '이렇게 좋은 공간이 있으니 꼭 한번 오셨으면 좋겠다'는 말씀을 드리고 싶었지만 정말 좋은 공간이었다면 이미 사람들이 많이 찾았겠지요. 뭔가 부족하고 주변 프랜차이즈 카페와의 경쟁에서 뒤져 있으니 장사가 안되는 것 아니겠어요?

저희 수준에서는 도저히 답이 나오지 않는 상황이었지요. 주변에서는 이게 문제다, 저게 문제다 지적을 많이 해주었지만 별 도움이 되지 않았습니다. 이미 돈은 떨어졌는데 조언을 한다는 대부분의 사람들은 돈이 있어야만 할 수 있는 것들을 조언해주었거든요.

대표적인 충고가 인테리어였습니다. 가장 많이 들었던 말은 통일성이 없다, 각 면의 디자인 컨셉이 충돌한다, 앤틱과 현대물이 부자연스럽게 공존한다 등이었습니다. 한마디로 인테리어의 총체적 난국이었죠. 처음에 인테리어를 할 때는 30평 남짓의 공간 치고 매우 저렴하게 하긴 했습니다. 돈이 없으니 인테리어가 잘 나오지 않는 것이 당연하지요. 물론 저희가 가지고 있는 돈으로 할 수 있는 최선이었냐고 묻는다면 자신있게 '예스'라고 답할 수도 없습니다. 말씀드렸다시피 모든 게 처음이라 공간에 대한 명확한 개념이 없었고 적은 돈을 가지고 전문가의 도움을 받기는 어려웠다는 핑계가 있을 뿐이죠. 상황이 이러하니 고객들의 시선이 고울 리가 없잖아요? 아무리 좋은 의도를 가지고 카페를 시작했더라도 공간적으로 고객들에게 공감을 줄 수 없다면 경영은 힘들어지기 마련입니다.

그런 상황에서 박원순 변호사가 카페를 방문해주셨습니다. 참 고마운 것은 겨우 이메일 하나 보냈을 뿐인데 혼자 오신 것도 아니고 당시 몸담고 있던 '희망제작소' 연구원 사단을 이끌고 오셨어요. 수석연구원님을 비롯해서 희망제작소 내의 컨설팅 그룹이라 할 수 있는 소기업발전소 연구원, 희망수레 연구원 등 열두 분이 오셨는데 하나같이 전문성으로 똘똘 뭉친 특공대였습니다. 저희도 열 사람 정도 모였습니다. 박원순 변호사님이 오신다기에 저에게 카페를 함께 시작하자고 권유했던 선배님들과 그동안 제가 끌어들인 (저에게 붙잡혀 카페에 발을 들인 사람들이 꽤 되거든요) 후배들까지 다 불렀습니다. 약 20명이 둘러앉아 참 많은 이야기를 나눴습니다.

### 희망제작소가 들려준 '이야기'

희망제작소 연구원들과 카페가 출발한 계기, 경영상황, 홍대라는 지역의 특징 등 카페와 관련된 여러 대화를 나누었습니다. 역시나 인테리어가 아쉽다는 이야기도 나왔습니다. 그렇다고 아주 부정적인 것만은 아니었습니다. 카페의 취지를 생각할 때 인테리어가 핵심요소는 아니라는 의견도 있었습니다. 특히 현대적 개념의 인테리어는 추세와 특성의 주기가 점점 짧아지고 있기 때문에 독립카페가 독특한 인테리어로 승부하는 것은 장기적 관점에서 위험하다는 주장까지 있었습니다. 저는 속으로 '길이 없는 것은 아니구나'라고 생각했습니다. 지금까지 인테리어가 카페 생존의 핵심이라는 충고만 들었는데 '카페의 본질은 인테리어가 아니'라는 고견을 듣게 되었으니 얼마나 기뻤겠습니까?

그러나 제 마음을 흥분시켰던 것은 단순히 그것 때문만은 아니었습니다. 카페의 '본질'에 대한 여러 의견들을 나누면서 마치 작은 시냇

물들이 모두 모여 커다란 강줄기를 이루듯 많은 의견과 논의가 하나의 커다란 명제로 흐르는 것을 발견했기 때문입니다. 그리고 그 흐름이 바로 제가 오랫동안 고민해오던 맥락과 거의 일치했기 때문입니다.

희망제작소의 신영희 수석연구원님은 저희 공간이 정말 궁금하셨답니다. 박원순 변호사님이 지인의 소개를 받으신 것도 아닌데 이메일 한통 받고 연구원들과 함께 가시기로 한 공간이 도대체 어떤 곳인지 궁금하셨다고요. 박변호사님이 워낙 바쁘시기도 하지만 이런 요청을 정말 많이 받기 때문에 여간해서는 직접 방문하는 일은 없다고 합니다. 그런데 이번에는 이메일을 받자마자 희망제작소 연구원들에게 번개까지 치시니 뭔가 있을 거라 기대하셨다는 거죠. 다른 연구원 분들도 비슷한 생각을 하셨나봐요. 어떻게 이메일 한통 받고 방문하실 생각을 하셨느냐는 질문에 박원순 변호사님은 '이메일이 너무 절박했어. 안 갈 수가 없게 만들던데' 하시더군요.

그런데 그 기대가 공간 안에서 의아함으로 바뀐 겁니다. 수석연구원님을 비롯해서 다들 한결같이 하시는 말씀이 제가 보낸 이메일과 카페 공간이 잘 연결되지 않는다는 것이었습니다. 이메일을 통해 받은 인상, 즉 카페 공간의 공공적 활용에 대한 취지가 전체 공간에 드러나지 않는다는 뜻이었습니다. 순간 망치로 머리를 맞는 듯했습니다. 왜냐하면 지금까지 제가 앓아왔던 고민의 답이 그 지적 안에 있었기 때문입니다.

뭐랄까, 우리의 생각에
공감하는 사람들이
아직도 있구나, 그러니까
아직 희망을 버릴 때가
아니구나 하는 안도감이
들었던 것이죠.

저희가 가장 많이 받는 지적은 인테리어였습니다. 그러나 저는 동의하면서도 수긍하지는 않았습니다. 최고급 인테리어로 카페의 승부를 건다면 그것은 '레드 오션'으로 뛰어드는 것이라 생각했습니다. 프랜차이즈 카페가 바로 그런 것이죠. 인테리어가 좋아서 찾아오는 고객은 우리보다 더 좋은 인테리어를 찾아 떠나갑니다. 인테리어는 패션과 같아서 유행을 타고 트렌드를 따릅니다. 그래서 인테리어로 승부하는 것은 그만큼 위험합니다. 어차피 우리에게는 인테리어로 승부할 만큼의 돈도 없었습니다. 어떻게 카페를 살릴 수 있을까? 이 공간에서 1년이란 시간을 고민하고 나서야 답을 얻을 수 있었습니다.

저희의 승부는 '이야기'였습니다. 고객이 공감할 만한 이야기가 카페 곳곳에 스며 있어 커피를 마시는 동안 그 이야기들이 감동으로 전해져야 하는 것이죠. 문제는 '어떤' 이야기를 할 것인가, 도대체 고객과 무엇을 소통해야 하는가의 고민이었습니다. 아무리 생각해도 답이 나오질 않았습니다. 그러는 동안 시간은 흘렀고 적자는 쌓여갔죠. 그런데 그날 답을 찾은 것입니다. 아니 답은 이미 저희에게 있었습니다. 바로 '우리의 이야기'를 해야 했던 것이죠. 박원순 변호사가 단번에 달려올 만한 이야기, 도대체 어떤 공간인지 궁금해할 만한 이야기가 이미 우리들에게 있었던 겁니다.

사실 카페에는 많은 사건들이 있었습니다. 우선 '공공'에 대한 남다른 생각을 가진 분들과 청년들을 이어주는 강연이 여러 차례 있었죠.

대중에게 전혀 알려지지 않은 분들이 강연을 하기도 했고 김규항, 이계안, 이지선 같은 유명인사들—그러나 삶의 지향은 '공공성'에 맞춰진 분들—이 오셔서 청년들과 교감을 나누기도 했습니다. 그런가 하면 아마추어 가수의 콘서트, 난민을 위한 음악회, 장애인 후원회 등 나름 공간의 공공적 사용을 위한 고민들을 했었는데 그런 고민이 공간을 통해 전해지지 않았던 것이죠.

이제 답은 나왔습니다. '우리의 이야기'를 공간적으로 풀어내야 했습니다. 박원순 변호사님과 희망제작소 연구원님들의 방문을 통해 우리 카페의 이야기가 사람들에게 공감을 줄 수 있을지도 모른다는 가능성을 보았습니다. 문제는 어떻게 공간적으로 이야기를 풀어내느냐 하는 것이었습니다. 그래서 찾아갔습니다. 어디로요? 평창동 '희망제작소' 사무실로요.

### 꼭 만나야 할 사람들

모든 일이 그렇지만 좋은 사람을 만나는 것은 사업의 지속성을 담보하기 위한 핵심요소입니다. 박원순 변호사님이 카페를 찾아주신 것 자체도 저희에게는 흥분되는 사건이었지만 저희를 정말로 가슴 떨리게 한 것은 이후에 이루어진 만남들이었습니다.

그날 카페를 방문해주신 분 중 이재흥이라는 분이 있습니다. 희망제작소 소기업발전소 분이었는데 주로 새로 시작하는 소규모 기업들의 컨설팅을 맡은 연구원이셨습니다. 카페 창업에도 여러 차례 관여하셨기 때문에 저희 공간의 문제점을 정확히 짚어내시더군요. 그러나 저희 취지와 명분에는 공감을 하셨는지 평창동 희망제작소 사무실에서 만나자는 제의를 하셨습니다. 소기업발전소 소장님과 만남을 주선해주시겠다고 말이죠. 바로 약속을 잡았습니다. 비공식적인 만남이었지만 약속한 날짜가 오기 전까지 이야깃거리를 만드느라고 상당한 시간을 보냈습니다. 회의를 준비하는 과정에서 떠오르는 단상들을 한줄 한줄 메모장에 담아두었습니다.

평창동에 위치한 희망제작소는 그야말로 NGO계의 큰손답게 규모도 크고 활동분야도 다양했습니다. 수많은 아이디어들이 현실이 돼가는 현장을 보니 왜 진작 이런 분들을 만나지 못했을까 하는 생각이 들었습니다.

소기업발전소의 문진수 소장님은 중견기업의 이사님 같은 포스를 풍기셨습니다. 기업 전문가답게 사용하시는 언어도 쉽고 간결하면서도 전문가의 풍이 깃들어 있었습니다. 신뢰가 200프로 가는 분이었죠. 저희 카페의 취지와 역사(?)를 조곤조곤 말씀드렸습니다. 그동안의 고민과 앞으로의 계획, 최종 목표 등등 여러 이야기를 나누었습니다. 모든 이야기를 듣고 결론적으로 소장님이 저에게 던진 질문이 다소 충격적이었습니다.

"왜 홍대에 있습니까?"

저희가 주장하는 '공공을 위한 카페 공간'을 만드는 데 홍대라는 지역이 어떤 의미를 가지고 있느냐는 물음이었습니다.

'왜지?'

순간 모든 생각이 멈추었습니다. 애초에 왜 홍대에 왔을까? 제가 홍대를 나온 것도 아니고 홍대에서 활동을 한 것도 아니었습니다. 홍대에 온 이유는 일단 장사가 될 만하고, 젊은이들이 많기 때문이었습니다. 장사와 운동이 공존할 수 있는 공간이라고 생각했죠. 물론 자본주의에 도전장을 내밀기에 홍대만한 장소가 없기 때문이기도 했습니다. 아, 문제는 바로 거기서 시작된 것이구나. 홍대라는 '지역'에서 저는 아무런 이야기를 가지고 있지 않았습니다. 지역을 사랑하지도, 지역에 대한 비전도 없었고 그저 나의 관점, 내 생각, 내 비전만 있을 뿐이었지요. 단순히 장사 목적이 아니라면 카페가 '홍대'라는 지역에 있어야 할 이유가 없던 것이죠. 그러니 카페 공간에 어떤 이야기를 채워야 할지 감이 잡히지 않았던 겁니다.

"가능하다면 홍대에서 나오세요."

문진수 소장님의 첫번째 처방이었습니다.

두번째 처방은 '커뮤니티'였습니다. 카페베네가 순식간에 점포 1위 커피 프랜차이즈로 부상하는 현상은 커피 시장의 용량이 아직 채워지지 않았음을 증명한다고 하셨습니다. 한국인이 받는 스트레스가 세계

최고인 것을 생각해볼 때 커피는 여전히 유효하다는 말씀이었죠. 그러나 독립카페가 프랜차이즈를 이길 가능성은 희박하다고 보셨습니다. 저도 독립카페의 생존 가능성에 대해서는 문소장님의 의견에 전적으로 동의했습니다.

직접 카페를 운영해보니 독립카페의 약점을 잘 알게 되었습니다. 가장 큰 어려움은 브랜딩이었습니다. 고객이 카페를 찾을 때는 커피의 맛과 인테리어 등에 대한 일정한 기대치가 있습니다. 프랜차이즈 카페의 최대 강점은 맛이나 인테리어가 최고로 좋은 것이 아닙니다. 고객이 어느 정도를 기대하는지 명확하게 아는 것이야말로 프랜차이즈의 브랜딩 효과입니다. 가령 스타벅스 하면 멋진 재즈 음악이 생각납니다. 그러나 김광석의 '서른 즈음에'나 저의 18번인 '꽃밭에서'가 끼어들 가능성은 거의 제로죠. 커피도 그렇습니다. 어딜 가나 같은 맛입니다. 프랜차이즈 카페에 들어가면서 아프리카 커피 특유의 밸런스 있는 신맛을 기대하기는 어렵습니다. 공간과 인테리어도 어느 지역에 있든지 비슷합니다. 최고는 아니지만 늘 기대치를 채워줍니다.

반면 독립카페는 고객 입장에서 보면 거의 '모 아니면 도'입니다. 독립카페에 대한 고객의 기대는 프랜차이즈 카페에 대한 기대와 확연히 다릅니다. 기대의 수준이 높아지는 게 아니라 넓어진다는 표현이 어울릴 것 같습니다. 사실 고객이 무엇을 기대하는지도 명확하지 않습니다. 그래서 독립카페가 어렵습니다. 어떤 사업이든 마찬가지입니다만 고객의 기대치를 관리하지 못하는 것은 큰 리스크입니다. 저희 카페를 찾는 손님들의 반응은 천차만별입니다. 어떤 분은 너무 좋다고 하시고 또 어떤 분은 실망스럽다고 합니다. 저희가 부족해서 실망하는 것도 있지만 고객의 기대치를 관리하지 못하는 것이 문제의 본질입니다.

 이 문제를 어떻게 해결할 수 있을까요? 그에 대한 답이 커뮤니티였습니다. 지역에 완전히 밀착된 공간을 만들라는 것이죠. 커뮤니티카페는 브랜드와 이미지를 보고 찾아오는 것이 아니라 카페 공간의 사람들을 만나러 옵니다. 사람과 사람이 이어지는 공간으로서의 카페는 최고급 인테리어가 필요없습니다. 대신 의미있는 일들이 지속적으로 일어나고 만나고 싶은 사람이 공간에 있어야 하겠지요. 그래서 커뮤니티카페의 핵심은 인테리어나 커피가 아니라 사람입니다. 물론 인테리어도, 커피도 완전히 무시할 수는 없습니다. 특히 커피에 대한 확고한 철학은 필수요소입니다. 이에 대해서는 자세히 말씀드릴 생각입니다. 한 가지 여기서 먼저 말씀드리고 싶은 것은 커피라는 음료가 사람과 사람을 이어주는 아주 좋은 매개라는 사실입니다.

 소기업발전소 문진수 소장님의 세번째 처방은 벤치마킹이었습니다. 제가 고민하는 것을 이미 사업적으로 구현한 분들을 찾아나서라는 말씀이었습니다. 사실 서두에도 말씀드렸듯이 먼저 이 길을 걷기 시작한 분들의 이야기를 듣는 것이야말로 가장 처음 했어야 할 일이

**사람과** 사람이 이어지는 공간으로서의 카페는 최고급 인테리어가 필요없습니다. 대신 의미있는 일들이 지속적으로 일어나고 만나고 싶은 사람이 공간에 있어야 하겠지요.

었습니다. 실패를 통해 교만이 깨지고서야 드디어 다른 분들의 이야기가 귀에 들어오기 시작한 것이죠. 소기업발전소는 이른바 '소셜카페'들에 이미 관심을 가지고 몇몇 카페들과 교류가 있었다고 합니다. 그 카페들을 알려주면서 다 돌아다니라고 하시더군요. '희망 기행'이라고 했습니다. 그러고 나서 한번 더 만나자고요. 카페 네 곳을 말씀해주셨습니다. 이 카페들을 돌아다니면서 저희가 던지고자 하는 질문은 크게 두 가지였습니다. 하나는 카페라는 공간이 어떻게 하면 사람과 사람을 이어주는 커뮤니티 공간으로 활용되고 더 나아가 공공적 활용의 가능성을 최대화할 수 있는가, 두번째는 사람의 '이야기'가 어떻게 공간이라는 매개를 통해 시각적으로 구현되는가 하는 점이었습니다.

이제부터 독자님과 함께 그 카페들을 방문하고자 합니다. 곧바로 카페들을 소개하지 않고 이렇게 긴 지면을 할애해서 제 이야기를 늘어놓은 것은 그만큼 '스토리'가 중요하기 때문입니다. 제가 제시할 관점은 지금까지 말씀드린 저의 '스토리'의 지배를 받습니다. 카페를 돌아다니면서 단순한 관찰자의 입장에서 분석을 한 것이 아닙니다. 저는 확실한 목적의식을 가진 참여자로서 카페를 해석했고 커피를 음미했습니다. 각 카페의 운영자 분들을 처음 만난 자리에서도 몇시간이고 함께 커피를 마시며 즐겁게 이야기를 나눌 수 있었습니다. 제가 훌륭한 인터뷰를 준비했기 때문이 아니라 카페와 커피에 대한 저만의 스토리가 있었기 때문에 가능했습니다. 많은 대화를 나누면서 그분들의 '이야기'가 어떻게 공간적으로 구현되는지 알 수 있었습니다. 독자님과 이 이야기를 나누고자 하는 것은 앞으로 카페라는 공간을 바라보실 때 지금과는 조금 다른 새로운 관점을 갖길 바라는 마음에서입니다.

앞으로 카페를 운영할 계획이 있으시든지 아니면 그저 카페와 커피가 궁금하고 좋아서 이 책을 읽으시든지 카페라는 공간을 통해 모두의 삶에 멋지고도 새로운 이야기가 풍성해지길 바랍니다.

3장

우리동네

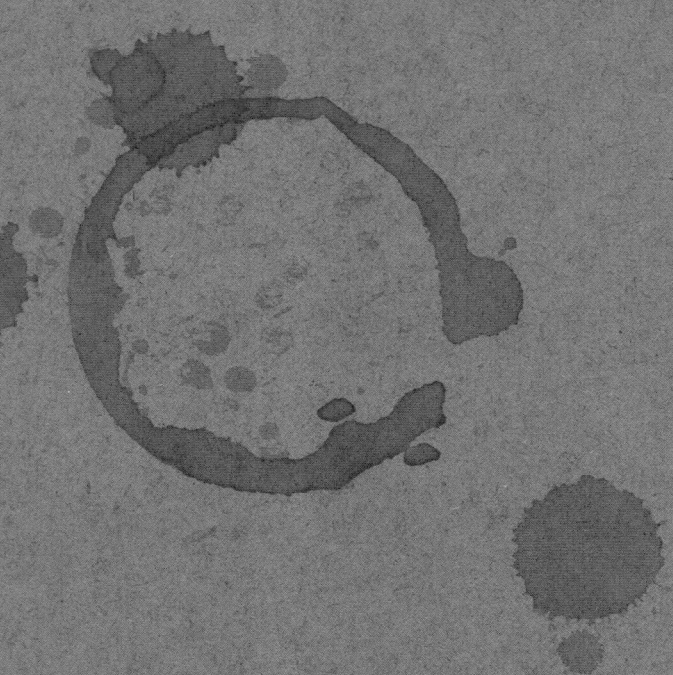

'우리동네'라는 이름에는 문제의식이 고스란히 담겨 있습니다.
모든 사업기획과 프로젝트의 목표가 '동네'에 초점이 맞춰져 있죠.
마음의 병을 앓는 사람들에게 더 나은 삶의 기회를 제공하겠다는 목표 또한
동네라는 공간적 한계를 넘어서지 않습니다.
이런 문제의식이 카페라는 공간에는 어떻게 묻어나는지.

저는 바로
카페 이름에
그 해답이 있다고 생각합니다.

# 3장
# 우리동네

## 동네카페는 생김새가 다르다

 홍대에서 수원은 생각보다 꽤 먼 거리였습니다. 2호선을 타고 신도림에서 1호선으로 갈아탔습니다. 카페 '우리동네'가 어디인지도 모르고 일단 지하철에 올랐습니다. 스마트폰이 이럴 때는 참 좋더군요. 수원 '우리동네 카페'를 검색했더니 화서라고 나옵니다.
 화서는 아주 차분한 동네였습니다. 지하철역에서 나와 큰길을 건너니 공원이 있었고 공원길을 따라 음식점들이 늘어서 있었습니다. 아마도 먹자골목인 듯했습니다.
 카페를 찾는 것은 그리 어렵지 않았습니다. '우리동네' 안병은 대표님을 만나기로 약속한 시간이 4시였는데 거의 한 시간이나 일찍 도착했습니다. 커피도 마셔보고 분위기도 파악하기 위해서였죠. 정문은 여느 카페처럼 평범했습니다. '우리동네'라는 이름이 눈에 띄었지요. 동네카페라, 동네카페는 뭐가 다를까? 약간의 궁금증이 일었습니다. 그런데 카페에 들어서는 순간 동네카페라는 것이 도대체 무엇인지 명확하게 알려주는 인테리어에 깜짝 놀랐습니다. 일반적인 카페에서는 찾아볼 수 없는 진짜 사랑방이 있었거든요.

  햇살이 따뜻하게 비치는 창가의 마루방은 이웃과 앉아서 몇시간이고 이야기를 나누고 싶은 마법을 일으키는 것 같았습니다. 왜 동네카페인지 굳이 설명하지 않아도 알 수 있는 세팅이었습니다. 사실 카페에서 양반다리를 하고 앉아 있는 광경은 일반적인 카페와는 동떨어진 이미지잖아요. 그런데 '동네'라는 단어에 내포된 수많은 이야기들과 정서가 '카페'라는 공간을 만나자 창조적이면서 동시에 실용적인 그림으로 나온 것이지요. 사랑방은 이층으로 구성되어 있었는데 중앙계단을 중심으로 양 옆에 하나씩 총 네 개의 방이 있었습니다. 공간활용이 참 잘되었다는 생각이 들었습니다.

  두번째로 눈에 들어오는 특색은 의자였습니다. 정말 낮았습니다. 그러나 어른이 앉아도 크게 불편하지 않았습니다. 어딘가 다른 세상에 앉아 있는 것 같은 기분이었습니다. 일부러 그 자리를 택해 더치커피를 시켜 마셨습니다. 요즘에야 더치커피가 많아졌지만 몇년 전 처음 더치커피를 마셨을 때의 그 시원함과 상쾌함은 정말 잊을 수 없죠. 한쪽 벽에는 더치커피가 만들어지는 과정이 비교적 상세하게 설명되

'동네' 라는 단어에
내포된 수많은 이야기들과 정서가
'카페' 라는 공간을 만나자
창조적이면서 동시에
실용적인 그림으로
나온 것이지요.

어 있었고 그림까지 어우러져 무슨 과학음료 같은 분위기를 풍겼습니다. 처음 방문한 사람에게는 더치커피가 무엇인지 아주 궁금하게 만드는 흥미로운 자극제인 듯했죠.

카운터에서 일하시는 분을 보니 사십대 후반이나 오십대 초반 정도 되시는 아주머니였습니다. '우리동네'는 노동부가 인증한 사회적기업입니다. 사회적기업에는 어떤 분들이 일하시는지 궁금했습니다. 살짝 일하시는 것을 엿보았는데 별다른 점을 찾지는 못했습니다. 커피를 마시며 사회적기업의 존재목적을 혼자 정리해보았습니다.

공식적으로 '우리동네'는 노동부에서 인증한 사회적기업 ㈜우리동네가 소유하고 운영합니다. 이제는 많이 알려졌지만 제가 처음 카페를 방문했을 때만 해도 사회적기업에 대한 인식이 그리 폭넓지는 않았습니다. 안병은 대표는 우리나라에 사회적기업의 개념이 본격적으로 소개되기 전부터 외국 사례들을 공부하며 준비해온 개척자입니다. 또한 사회적기업으로서의 카페를 우리나라에서 처음 시도했고, 그 결과 가장 성공적인 케이스로 발전시킨 장본인이기도 합니다.

사회적기업으로서 인증을 받기 위해서는 노동부 혹은 지자체의 요구조건을 충족해야 합니다. 사회적 약자를 고용한다든지, 매출의 상당 부분을 사회적 문제를 해결하는 데 사용해야 하는 것이 그 조건이죠. 사실 한국형 사회적기업의 문제로 자주 지적되는 부분이 이 지점입니다. 영국이나 미국 등 사회적기업이 발달된 나라에서는 사회적 문제를 사업적 방법으로 해결할 수 있다고 생각한 사람들이 '사회적기업'이라는 개념을 만들어냈고 국가가 이들을 지원하는 형태로 발달했습니다. 그런데 우리나라는 국가에서 먼저 도입하고 민간이 따라가는 형국이죠. 그러니 사회적기업을 시도하는 동기가 주로 국가의 지원을 받고자 하는 경우가 많습니다. 아무래도 창조성이 떨어질 수밖에 없지요. 보통 국가의 지원 기한이 2년인데 2년 안에 자립할 수 있는 구조를 만들기가 쉽지 않습니다. 그러니 사회적기업의 원칙을 포기하거나 문을 닫는 경우가 많습니다. 국가가 사회적기업 제도를 운영하는 동기도 지적을 받습니다. 주로 고용에 초점이 맞춰져 있는데 선진국에서 시작된 사회적기업의 목적과는 다른 측면이 있어 산업생태계의 건강한 성장을 방해한다는 의견이 있습니다. 사회적기업이 되면 주로 인건비를 보조받는데, 한시적인 인건비 보조가 기업의 생존에 실질적인 도움이 되기는커녕 보조금에 대한 관성 때문에 생존율을 오히려 떨어뜨린다는 지적이죠. 일리가 있는 문제제기라 생각합니다. 사회적기업 생존율이 10%에도 미치지 못하는 시점에서 한국형 사회적기업에 대한 검토가 시급한 실정입니다. 요즘에는 여러 카페들도 사회적기업의 문을 두드립니다. 그러나 성공하는 사례를 찾기는 힘듭니다. '우리동네'가 사회적기업으로서 거의 유일하게 성공 모델을 만들어가고 있습니다. 왜일까요? 무엇이 '우리동네'를 특별하게 만들었을까요?

시간이 조금 지나자 아저씨 한분이 들어오셨습니다. 카운터로 들어가시는 것을 보니 주인인 듯했습니다. '저분이 안병은 대표이신가?' 아직 4시가 되지 않았기 때문에 기다리기로 작정하고 더치커피를 음미했습니다. 거의 4시가 다 돼서 안병은 대표님께 전화를 걸었습니다. 이미 카페에 와 있다고 말씀드렸더니 안대표님도 카페에 있다고 했습니다. 이상하다, 주위를 둘러봐도 의사선생님(안대표님은 정신과 의사로 병원도 함께 운영하십니다) 같은 분은 없었습니다. 어디냐고 물어보시더라고요. 화서에 있다고 했더니 이곳은 본점이 아니라 가맹점이랍니다. 아하, 가맹점이 있는 줄은 몰랐습니다. 이미 사업의 규모가 상당하다는 뜻이죠. 결국 정보부족으로 약속시간을 맞추지 못한 점을 사과드리고 안대표님이 계시는 본점으로 향했습니다.

  버스에서 내린 곳은 아주대학교 정문에서 그리 멀지 않았습니다. 카페를 찾는데 일단 큰길가는 아니었습니다. 편의점에 들러 직원에게 스마트폰 지도를 보여줬더니 큰길 건너편이라고 알려주었습니다. 길을 건너서 골목길로 들어섰습니다. 골목길에서 또다른 골목으로 들어섰습니다. 처음 오는 사람은 찾기가 쉽지 않은 위치였지요.

  나중에 듣자하니 처음 카페가 만들어졌을 때는 그 골목에 다른 음식점이나 카페가 거의 없었다고 합니다. 말하자면 '우리동네'가 개척한 곳이죠. 우연인지 필연인지 카페에 손님이 많이 찾아오기 시작하면서 그 일대에 상권이 조성됐고 바로 근처에 큰 프랜차이즈 카페까지 생겼습니다. 나중에 더 자세히 말씀을 드리겠지만 그런 일은 자주 일어난다고 합니다. 카페를 개척할 때마다 상권이 없는 곳을 선택하는데 독점상태로 얼마간 유지되다가 몇개월 후에 상권이 만들어지고 결국 경쟁 패턴으로 전환된다는 것입니다.

본점인 아주대점은 아담했습니다. 직사각형 구도였고 테라스까지 손님이 꽉 차도 20명이 채 안될 것 같았습니다. 가운데 큰 테이블이 하나 있었고 벽 한쪽으로는 커피에 관련된 그림들과 카페 소개가, 다른 한쪽에는 소품들이 진열되어 있었습니다. 그러니까 동네에서 발견할 수 있는 작은 카페들과 크게 다르지 않았습니다. 다른 점이 있다면 '우리동네'라는 이름이었지요. 세련된 이름은 아니지만 이 카페의 컨셉이 명확하게 드러납니다. 이름이 주는 메시지는 매우 중요합니다. 고객이 무엇을 기대해야 하는지 알려주죠. 동네카페라 하면 뭔가 풋풋한 느낌이 들면서 인테리어보다는 그 안에서 이루어지는 사건들에 주목하게 됩니다. 물론 인테리어도 전혀 뒤지지 않습니다. 특히 2인용 테이블의 배치와 모양이 참 매력적입니다. 커플이라면 한번은 앉아보고 싶은 자리죠. 그러나 인테리어의 우수성이 카페의 포인트는 아니었습니다. 오히려 카페 이름이 주는 메시지가 분명하다는 점에서 인테리어는 공간을 보조하는 개념임을 다시금 확인할 수 있었습니다. 인테리어를 통해 고객을 유인하려는 카페들과는 분명 거리가 있는 개념이었죠.

### 인테리어보다 이름이 더 중요하다

여기서 잠시 카페 이름에 대한 저의 단상을 좀 정리하고 안병은 대표님을 만나실까요?

'카페바인'과 '우리동네'가 대조되는 지점이 바로 여기가 아닐까 합니다. 둘 다 지향점은 비슷하지만 카페바인은 이름에서 그 지향이 쉽게 드러나지 않습니다. 물론 아무 생각 없이 지은 이름은 아닙니다. 성서에 보면 포도나무는 그리스도의 공동체를 의미합니다. 카페를 시작한 사람들의 삶의 뿌리가 대부분 기독교 신앙이기도 했지만 무엇보다 공동체적 지향을 추구하고자 카페바인이라는 이름을 지었습니다. 거기에 와인에 대한 욕심도 있었고요. 제가 와인을 좋아하거든요. 그런데 지금 생각해보면 이름에서 카페의 특성과 지향을 찾을 수 없다는 점이 아쉬움으로 남습니다. 특히 마을에서 공동체적 지향을 가지는 카페는 이름에서부터 고객과 소통해야 하는 법인데 말입니다.

'우리동네'라는 이름에는 문제의식이 고스란히 담겨 있습니다. 모든 사업기획과 프로젝트의 목표가 '동네'에 초점이 맞춰져 있죠. 마음의 병을 앓는 사람들에게 더 나은 삶의 기회를 제공하겠다는 목표 또한 동네라는 공간적 한계를 넘어서지 않습니다. 달리 말하자면 동네가 치유의 공간이 되는 것이죠. 이런 문제의식이 어떻게 사업적 기획으로 발현되는지, 카페라는 공간에는 어떻게 묻어나는지. 저는 바로 카페 이름에 그 해답이 있다고 생각합니다.

말씀드렸듯이 보통의 경우 사회적기업으로 전환하거나 사회적기업으로 시작하려는 동기가 국가의 지원을 받기 위함이라면 '우리동네'는 시작부터 마을공동체라는 지향을 가지고 만들어졌습니다. 그리고 뒤에서 좀더 자세히 말씀드리겠지만 마음의 병을 앓는 사람들에게 더 나은 삶을 제시하기 위해 사업을 시작했기 때문에 문제의식이 분명하고 고객에게 전달되는 메시지 또한 명확합니다. 고객에게 분명하고 명확하게 전달되는 문제의식, 돈보다는 문제해결에 맞춰진 사업기획 등 사회적기업으로서 갖추어야 할 기본들을 '우리동네'는 잘 보여주고 있습니다.

사회적기업이 무너지는 과정을 보면, 회사가 겪는 자금난을 해결하기 위해 본래 사업목적과는 다른 수익사업을 무리하게 기획하면서 결국 주된 목적을 상실하는 경우가 많습니다. 그렇게 되면 고객에게 전달되는 메시지도 불분명해지고 회사도 점차 수렁에 빠져들게 되죠. ㈜우리동네도 사업적으로 어려움이 있겠지만 난관을 돌파하는 원동력은 사회적기업으로서의 목적의식을 더 심화하는 데 초점이 맞춰집니다. 결국 거기서 나오는 힘이 고객에게 전달되는 것이죠. 확고한 문제의식이 얼마나 중요한지는 아무리 강조해도 지나침이 없습니다.

## 공간은 해석되어야 한다

다시 수원을 찾았을 때는 아주대점이 아닌 새롭게 오픈한 카페에서 안대표님을 만났습니다. 안병은 대표님과 아주대 앞에서 처음 대화를 나눴던 때가 1년 전 무렵인데 그때 말씀하시던 구상들이 현실로 구현된 곳이죠. 새 둥지는 단순한 카페가 아니었습니다. 임대한 8층 건물 전체에 병원, 약국, 지역신문사, 사회적기업이 다 모여 있었습니다. 바로 그곳에서 서로 시너지를 일으키며 각각의 공동체는 공존하고 있었습니다. 지하 2층부터 8층과 옥상에 이르기까지 모든 공간이 공동체, 치유, 공존이라는 일관된 주제를 이야기합니다. 아무리 설명을 해봐야 직접 눈으로 보는 것이 제일 좋습니다. 그래야 공간의 의미를 느낄 수 있지요. 카페든 무엇이든, 공간에 관심이 있는 사람이라면 꼭 한번 가봐야 할 곳입니다. 건축 혹은 인테리어를 말하는 것은 아닙니다. 안병은 대표님은 그것을 '덧입힘'이라고 표현합니다. 생각 혹은 철학을 어떻게 공간적으로 해석하고 표현하느냐가 가장 핵심적인 질문입니다. 바로 새 카페의 이름이 전체적인 주제를 말하고 있습니다. 새 카페의 이름은 '우리가꿈꾸는동네'입니다.

안병은 대표님에 의하면 나무를 모델삼아 공간을 구성했다 합니다. 뿌리에서 큰 줄기가 나와 하늘로 뻗은 형상, 줄기를 중심으로 가지들이 무성하게 돋아나 있는 나무의 형상이 전체적인 덧입힘의 구도입니다.

뿌리라 할 수 있는 지하에는 문화공간이 있습니다. 마치 연예기획사의 댄스 연습실 같은 분위기죠. 머무는 환자들이 운동할 수 있는 공간이기도 합니다. 가장 특이한 방은 인디밴드 연습실입니다. 안대표님이 음악을 하신다거나 문화에 특별한 관심이 있는 것은 아닙니다. 문화를 중요하게 생각하는 것은 인간에 대한 이해 때문이죠. 삶이 뭐냐고 했을 때 그것은 '문화'라 할 수 있다는 것이죠. 그래서 직원 채용 과정에서도 문화에 대한 이해를 중요하게 고려한다고 합니다.

뿌리(지하)를 시작으로 건물 중앙에 위치한 계단이 나무로 치면 줄기입니다. 이 공간이 정말 재미있습니다. 일반적인 건물의 계단은 그저 엘리베이터의 대안 정도로 치부되지만 이 공간에서 계단은 생명의 기운이 전달되는 줄기입니다. 건물의 전반적인 마감 재질이 재생 나무인데 인테리어에 쓰고 남은 나무조각들을 모아 계단에 덧입혔습니다. 벽도 나무조각의 퍼즐로 덮여 있지요. 환자들이 예술치료를 하며 그린 미술작품들도 전시되어 있습니다. 환자들의 작품이라고 하면 선입견을 갖기 쉬운데, 미술에 대해 문외한인 제가 봐도 일반인의 작품이라고 보기 어려울 정도로 작품성이 대단했습니다. 계단 오르는 재미가 쏠쏠합니다. 나무퍼즐 중간 중간 씌여 있는 문구들도 인상적입니다. 제 마음에 가장 와닿는 문구가 하나 있었습니다.

'사람이 희망이다.'

가지가 계단을 오르며 돋아나듯 각 층으로 연결됩니다. 1층에는 카페와 약국이 위치합니다. 카페에는 '우리동네'의 특징을 잘 나타내듯 사랑방이 위치합니다. 그러나 전에 봤던 사랑방보다 업그레이드된 것을 느낄 수 있었습니다. 예술적 포인트와 여백의 미가 돋보였습니다. 공간활용 측면에서도 사랑방식 인테리어는 우수합니다. '우리동네'의 전매특허라고 할 수 있지요. 로스팅 룸이 별도로 마련되어 있어 밖에서 로스팅 하는 모습을 들여다 볼 수도 있습니다. 저희도 카페에서 로스팅을 하는데 카페에서 로스팅을 직접 하면 향이 하루 종일 이어져 고객들도 좋아합니다.

2층에서 7층까지는 병원과 사회적기업, 그리고 지역신문사가 있습니다. 각 층마다 정신과 치료를 받는 환자들의 작품이 걸려 있는데 사람들이 흔히 쓰는 말 그대로 예술 그 자체입니다. 재생나무로 덧입힌 인테리어의 통일성도 돋보입니다.

8층에는 식당 겸 세미나실이 있습니다. 앞으로 카페가 기획하는 강연을 이곳에서 규모있게 펼쳐나갈 계획이라고 합니다. 지역사회 단위의 대안교육의 장으로 발돋움할 수 있는 인프라가 잘 갖추어져 있습니다.

마지막으로 옥상에는 달, 별과 함께 바비큐 파티가 가능한 공간과 공예작업실이 있습니다. 사회적기업 '우리동네'는 단순히 카페에 머무르지 않고 마음이 아픈 분들이 갖는 특별한 예술적 감수성을 도예로 풀어내는 작업, 그리고 그것을 통해 그분들이 삶을 영위하는 단계까지 나아가기 위해 준비하고 있습니다. 특별히 구상하고 있는 프로젝

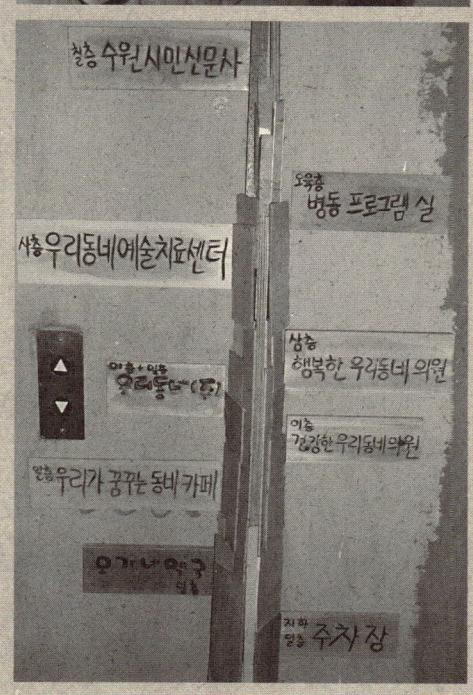

**일반적인** 건물의 계단은 그저 엘리베이터의 대안 정도로 치부되지만 이 공간에서 계단은 생명의 기운이 전달되는 줄기입니다.

트는 그런 공예품을 이용한 '아이방 덧입히기'입니다. 마음이 아픈 아이들의 방을 이곳에서 제작된 공예품을 이용해 꾸며주는 프로젝트인데 이것은 안병은 대표님이 정신과 의사이기 때문에 실현 가능한 비즈니스겠지요.

이처럼 '우리가꿈꾸는동네'의 모든 공간은 덧입힘을 통해 의미를 부여받습니다. 덧입힌다는 것이 특별한 개념은 아닙니다. 그냥 지나칠 수 있는 공간에 의미를 부여하고 스토리를 입히는 것입니다. 특히 계단을 재생나무의 퍼즐조각으로, 마음이 아픈 분들의 작품세계로 덧입힌 작업은 매우 창조적이었습니다. 건물 전체에 생명을 불어넣은 듯했죠.

언젠가 트위터 친구가 공간에 대한 조언을 해주면서 가스통 바슐라르의 『공간의 시학』을 추천해주었습니다. 단숨에 읽었죠. 많은 영감과 통찰을 얻었는데 특히 계단에 대한 강조가 인상적이었습니다. 저는 '우리가꿈꾸는동네'에서 바로 '공간의 시학'을 읽었습니다.

### 모든 의사가 다 같은 문제의식을 갖는 것은 아니다

카페를 돌아다니면서 가장 주목한 것은 다름 아닌 '사람'이었습니다. 왜 그 사람은 그런 카페를 할 수밖에 없었을까? 이 질문에 대한 답이 명확한 사람일수록 카페의 특성이 명확하게 드러납니다. '우리동네'를 보려면 우선 '안병은'을 이해해야 합니다. 솔직히 이곳의 인테리어를 따라한들 절대로 그 인테리어의 결이 살아나지 않습니다. 운영자의 철학이 공간과 맞물려야 비로소 인테리어가 빛을 봅니다.

이제부터 안병은 대표를 본격적으로 만나보려 합니다. 왜 카페를 시작했고 어떻게 지금의 '우리가꿈꾸는동네'까지 오게 되었는지.

**먼저, 이 모든 일들의 처음은 어디서부터인지 궁금합니다.**

처음에는 정신장애를 겪는 환자들을 생각하며 이분들이 어떤 삶을 살아가면 좋을까, 아니 어떤 일을 해야 좀더 행복하게 살 수 있을까 고민했어요. 어쨌건 일을 해야 살아갈 수 있는 거잖아요? 그런데 막상 관심을 가지고보니까 직업을 찾기가 너무 어려운 거예요. 잘 뽑아주지도 않지만 일을 시작해도 금방 그만두는 것을 보면서 고민을 많이 했죠. 제가 이 분야의 전문가인데 나마저 모르면 안되지 않나 하는 생각이 들었어요. 길을 다니면서도 가게가 보이면 '마음이 아픈 사람이 저 가게에서 일하면 어떨까'라는 질문을 던져보고 주변 사람들 이야기도 많이 들었죠. 생각해보지 않은 비즈니스가 없어요. 식당을 예로 들면 분식점, 배달전문집, 도시락, 고기집 등 거의 모든 분야를 분석했죠. 누가 창업한다고 하면 거의 다 제가 고민해본 업종이더라고요.

고민하다 어떻게 가닥을 잡으셨는지요?

저는 책을 많이 읽는 사람이 아니라 수집하는 사람이거든요.(웃음) 지나가다가 필요한 책이라 생각하면 일단 사고봐요. 창업에 관한 책도 많이 봤어요. 각 업종별로 정리해서 봤죠. 많은 책 중에 운명적인 만남과 같은 책이 있었는데, 바로 박원순 변호사님 책이었어요. 쓰신 책들은 거의 다 봤죠. 정말 많은 아이디어를 가지고 계신 분이잖아요. 저는 창의적인 사람은 아니고 좋은 아이디어를 잘 갖다 쓰는 사람이에요. 처음으로 시도했던 것이 편의점이었어요. 박원순 변호사님 책에서 봤던 것들을 잘 정리해서 이렇게 저렇게 적용해보았죠. '우리동네편의점'이라 이름을 지었어요. 정말 잘될 줄 알았는데 힘들더라고요. 세탁소도 해봤고요. 시행착오 끝에 여기까지 오게 됐어요.

사회적기업을 준비하시느라 힘들었던 순간도 많았을 듯한데요?

사실 오해도 많이 받았습니다. 의사가 돈 벌려고 사회적기업 한다는 소리를 많이 들었죠. 주로 정부에서 지원을 받아서 사회적기업을 운영하려는 복지 관련 단체나 그 방면 종사자분들이 그런 오해를 하시더라고요. 의사로서는 호객행위 하는 것으로 비춰지기도 했어요. 저희가 마음이 아픈 분들을 고용하니까 다른 병원에 다니시는 분들이 저희 회사에 취직하려면 병원을 바꿔야 하는 것으로 오해하시더라고요. 저희는 절대 병원 바꾸지 말라고 말씀드려요. 가급적 다니시던 곳을 계속 유지하는 게 좋다고 말씀드리죠. 그리고 제가 보는 환자의 대부분은 청소년들이에요. 오해를 살 만한 상황은 아닙니다. 그런데 제가 '다르게' 하다보니까 본의 아니게 오해를 많이 사요. 저는 사회적기업 하면서 빚만 잔뜩 늘었는데 사람들은 제가 돈을 많이 벌어서 이렇게 건물 임대도 하는 줄 알더라고요. 아시잖아요, 사회적기업이 돈 벌 수 없어요.

**시행착오 끝에 성공모델까지 이루셨는데, 그 과정이 궁금합니다.**

장애인이나 마음이 아픈 분들은 어떤 일자리를 원할 것 같아요? 답은 간단해요. 모두가 원하는 일자리, 당신이 일하고 싶은 그곳에서 그들도 일하고 싶어하죠. 한번은 정말 괜찮은 카페를 갔는데 바로 이거다 싶은 생각이 들었어요. 쾌적하고, 예쁘고, 아름다운 음악이 흐르는 곳이었어요. 이런 곳에서 마음이 아픈 분들이 일하면 참 좋겠다는 생각이 들었죠. 사실 저는 커피를 좋아하는 편은 아니었는데 마침 저와 함께 일하는 친구가 커피를 좋아해서 시작할 수 있었어요. 대부분의 일이 그래요. 제가 좋아서, 제가 잘해서 시작하는 일보다는 제 주변 사람이 좋아해서, 제가 함께 일하는 사람들이 할 줄 아는 일이라서 시작하게 된 경우가 더 많죠. 카페도 그랬고요.

환자의 삶, 그들의 문제를 해결하려다보니 카페라는 지점까지 도달했다는 것이 안병은 대표의 결론이었습니다. 그런데 저는 이 답이 시원치가 않았습니다. 왜냐하면 모든 의사가 같은 문제의식을 갖는 건 아니니까요. 개인적인 선행이나, 도덕을 말하는 것이 아닙니다. 좋은 의사들, 도덕적이고 사회의식을 지닌 훌륭한 의사분들 많습니다. 그런데 안병은 대표의 생각엔 무언가 더 특별한 점이 있는 듯했습니다. 좀더 본질적인 질문들, 안병은이라는 사람에 대한 질문을 던졌습니다. 그랬더니 정말 뜻밖의 이야기가 나왔습니다.

언제 의사가 되겠다 결심하셨나요?

글쎄요, 사실 저는 죽음이 두려웠어요. 처음으로 죽음을 깨닫기 시작한 것이 중학생 때였어요. 제 삶이 유한하다는 생각은 어린 나이에 정말 큰 두려움으로 다가왔죠. 그래서 죽음의 문제를 해결하고 싶어 교회에 나갔어요. 그랬더니 좋은 사람이, 남을 돕는 사람이 되어야 한대요. '내가 너희를 사랑한 것같이 너희도 서로 사랑하라'는 말씀이라든지, '너희 중에 가장 작은 이에게 하는

**장애인이나 마음이**
아픈 분들은
어떤 일자리를 원할 것 같아요?
답은 간단해요.
모두가 원하는 일자리,
당신이 일하고 싶은 그곳에서
그들도 일하고 싶어하죠.

것이 나에게 하는 것이다'는 문구들이 마음에 와닿았죠. 그런데 교회는 동시에 저에게 고민과 갈등의 대상이었지요. 하루는 교회 행사로 어느 기도원엘 갔는데 어떤 중년여성이 쇠사슬에 묶여 있는 거예요. 깜짝 놀라서 왜 저분은 묶여 있느냐고 물어봤더니 미친 사람이라서 그렇대요. 저는 참 이해가 안 갔어요. 그럼 아픈 사람일 텐데 왜 쇠사슬로 묶어놓은 것인지 도무지 알 수 없었죠. 그런 비이성적 모습들을 보았어요. 제가 의사가 되면 더 잘 고칠 수 있지 않을까 하는 생각이 들었죠. 그 외에도 제가 생각하는 예수의 가르침과 교회의 행태가 많이 달랐어요. 그런 고민과 갈등이 계속됐는데 당시 친한 친구와 함께 이런 고민들을 나누면서 나는 의사가 되고 너는 목사가 돼서 공동체라는 것을 한번 만들어보자고 했던 기억이 나요. 정말로 그 친구는 목사가 됐고 저는 의사가 됐어요. 당시 공동체라는 생각은 아주 기초적인 수준이었죠. 장애인이라든지, 교도소 출소자같이 오갈 곳 없는 사람들과 산 속에 수도원 같은 것을 지어서 함께 사는 그런 거요.

십대 때 어떻게 그런 생각을 갖게 되셨죠?

뭐 어쨌든 그때 했던 고민이 시발점이 된 건데, 종교와의 갈등이 저에게는 지속적으로 문제의식을 갖게 했어요. 뭔가 불편했거든요. 그렇다고 종교가 죽음에 대한 두려움을 극복하게 해준 것은 아니에요. 사실 아직도 극복하지 못했어요. 그래도 예수라는 존재는 저에겐 근원적인 질문을 던지게 하죠. 어떻게 보면 종교의 틀 안에서 했던 고민과 갈등들이 제가 가지고 있는 사유의 가장 밑바닥을 형성하고 있는 것 같아요. 몇가지 불편한 것들이 아직도 있지만 그 부분은 인정해요. 고등학교 때는 동학에 대한 책들을 좀 읽었는데 기독교에서 말하는 사랑의 정신이 '인내천'의 정신이더라고요. 성경에서 사람이 신의 형상을 따라 창조됐다고 하는 것이 '사람이 곧 하늘이다'는 동학의 정신과 통하는 것 같아요. 어쨌든 이 모든 사유의 뿌리에는 죽음에 대한 두려움이 있었던 것 같아요. 죽음을 생각하다보니 '삶'을 고민하게 됐고요. 사실 중학생들, 고등학생들 다 그런 생각하며 살아요. 부모님에게 말을 안해서 그렇죠.(웃음)

카페 이야기를 나누다 기독교, 동학 이야기도 나누고 삶과 죽음에 대한 이야기도 들었습니다. 질문이 특별한 것은 아니었습니다. '어떻게 그런 생각을 가지게 되었습니까'라는 질문에 대한 답이었죠. 저도 안대표님과 비슷한 성향이었기 때문에 즐겁게 이야기를 나누었습니다만 어떤 분들은 아마도 참 별나다 싶을 것 같습니다. 맞습니다. 참 별납니다. 그리고 그 별남이 스토리의 원천이기도 합니다.

사실, 자신의 꿈과 다짐을 실천하는 사람이 의외로 많지 않은 세상인데, 안대표님은 다르시네요.

고등학교 때 소위 좌파서적이라는 책들을 좀 읽었어요. 뭐 그래봐야 몇권 안되지만요. 그때 불평등에 대한 불만들이 생겨났어요. 화가 많이 났죠. 단순히 사회적인 문제들만 그런 것은 아니었고요. 신에 대한 불만도 있었죠. 왜 그렇게 고통스럽게 살아갈 수밖에 없는 사람들이 있을까부터 시작해서 가난, 불평등, 교육… 모든 것에 다 화가 났죠. 또 화가 났던 것은 왜 사람들은 어른이 되면서 꿈을 잃어야 하는지 이해가 안 갔어요. 고등학교 때 아홉 살 더 많았던 교회 형과 나눴던 대화가 생각나요. 그때 나는 이렇게 저렇게 살고 싶다고 말했더니 그 형이 그건 너의 이상이고 현실은 다르다, 나도 너 나이 때는 그렇게 생각했다, 좀더 크면 알게 될 거다 등등 어른들의 레퍼토리를 늘어놓더라구요. 제가 그 형님께 한마디 했습니다. 나는 절대 형처럼 안 산다고요. 제가 노래방 가면 빠뜨리지 않고 부르는 노래가 있거든요. 송시현의 '꿈결 같은 세상'이라는 노래예요. '난 변치 않을래 힘없는 어른들처럼/ 난 믿고 살 테야 꿈결 같은 세상.' 저는 그 노래가 참 좋아요.

문제의식은 하루아침에 생겨나지 않지요. 중학생 시절부터 했던 철학적·종교적·인간적 고민들, 고민만 한 것이 아니라 그 고민을 해결하기 위해 행동했던 점이 안병은 대표의 스토리를 이해하는 단초가 됐습니다. 그런데 문제의식이 있다고 다 창의적인 해결책을 찾는 것은 아닙니다. 안병은 대표가 카페와 사회적기업을 시작한 원천은 알게 되었지만 어떻게 그 많은 아이디어를 창안하고 무엇보다 여러 아이디어를 융합해내는 능력을 갖추게 되었는지 궁금했습니다.

**안대표님의 아이디어는 따로 놀지 않고 통일성 있게 실행됩니다. 비결 좀 알려주세요.**

저는 어렸을 때부터 집단적이고 획일적인 게 참 싫었어요. 뭔가 다른 걸 하고 싶었거든요. 앉아 있는 게 그렇게 어려웠으니까요. 그래서 공부를 잘하는 편도 아니었어요. 의과대학 간 것도 운이 좋았고요. 제 스스로 생각해볼 때 제가 ADHD(주의력결핍 과잉행동장애)를 앓고 있다고 생각해요. 도대체 산만하고 예측 불가능해요. 충동적이고, 즉흥적이죠. 제가 사람들에게 오해를 사는 것도 그런 부분과 관련이 깊어요. 사람들이 생각할 때는 이해할 수 없는 행동들을 하거든요. 그게 사람들을 불편하게 만들고요. 우리 사회에서 남들과 다르다는 것은 크나큰 핸디캡이에요. 왜 우리 사회는 남들과 다른 것을 이렇게 힘들어할까 생각해봤는데, 아마도 다른 것을 보면 불안하다는 생각이 들어서인가봐요. 예측이 안되니까요. 저처럼 종잡을 수 없는 사람을 보면 불안해하죠. 결국 제가 받은 오해들도 다 저의 불안정성 때문에 생기는 것 같아요. 박원순 변호사님과 만난 적이 있는데 제가 그분께 '정신과 의사로서 생각하건대 박원순 변호사님도 ADHD 같습니다'라고 말씀드렸거든요. 그랬더니 '그런 것 같습니다' 하시더라고요.(웃음) 사람들은 산만함을 장애라 생각하지만 사실은 장애가 아니에요. 오히려 장점일 수 있어요. 창의력이 산만함에서 나오거든요. 산만함은 다르게 표현하면 관심이 많은 거잖아요. 어렸을 때 저보고 '괴물 같은 녀석'이라는 분도 계셨어요. 좋은 의미는 아니었죠. 제 반응은 '그래서 어쩌라고? 그게 난데!' 였죠. 그런 성향 때문에 다른 삶을 추구하게 되었다고 봐요. 저는 뭔가 완성되는 게 싫어요. 완성된다는 것은 이후 변화가 없을 것이라는 말과 같잖아요? 그래서 완성하지 않고 계속 덧입히는 걸 좋아하죠.

한 가지만 기억하기로 했습니다. '산만함은 창의력의 원천이다.' 저는 많은 위로를 얻었습니다. 사실 저도 꽤 산만하거든요.

## 창업의 순서, 사람-컨셉-부동산

'우리가꿈꾸는동네'를 처음 찾던 날 적잖이 놀랐습니다. 대로변 코너 자리에 있었거든요. 안병은 대표는 좋은 카페자리를 잘 찾아내는 것으로 유명합니다. 그의 원칙은 '메인 상권을 피해 2차, 3차 상권, 말하자면 좋은 골목길을 찾는다'거든요. 직영으로 운영하는 아주대점, 경기대점이 다 그렇습니다. 그런데 '우리가꿈꾸는동네'는 차가 많이 다니는 큰길가 코너자리에 있었습니다. 어떻게 된 것이냐고 물었습니다.

'우리가꿈꾸는동네' 카페의 위치 선정에 대해 설명해주신다면요?

여기가 차가 많이 다니고 사람이 많이 다니지는 않아요. 유동인구가 별로 없는 편이죠. 그래서 임대료가 그렇게 비싼 편은 아니에요. 이 자리를 3년 전부터 봐왔어요. 지하도가 있는 거리라서 상권이 형성되기엔 좀 부족한 곳이죠. 그러나 커뮤니티 형성에는 참 좋은 자리에요. '우리가꿈꾸는동네'는 카페보다는 커뮤니티의 활성화에 초점이 맞추어져 있고요. 다른 카페들—2개의 직영점, 9개의 가맹점—의 광고 효과도 노린 측면이 있어요. 병원으로서의 위치도 염두에 두었고요. 이런 종합적인 접근이 필요해요. 사람들이 카페를 한다고 할 때 위치를 많이 이야기하지만 사실 순서가 뒤바뀌었어요. 가장 먼저 생각해야 할 부분은 사람이에요. 그 사람이 누구냐가 가장 중요해요. 컨설팅 요청을 자주 받는데, 가장 먼저 보는 부분이 운영자의 성향, 목적, 특징이에요. 한번은 오픈을 하지 말라고 조언한 적도 있어요. 사회적기업을 생계수단으로 생각한 경우였어요. 지원금을 노리고 신청한 거죠. 어쨌거나 사람이 우선이에요. 사람을 알면 그 다음에는 컨셉이 나와요. 운영자가 무엇을 잘하고, 무엇에 관심이 있느냐에 따라서 덧입힘의 내용도 당연히 틀려지죠. 그 다음에야 부동산이 정해져요. 일반적으로 부동산을 먼저 찾고 그 다음에 컨셉을 생각하는데 그런 순서로는 특징 없는 카페를 찍어내는 데서 멈추고 말죠.

저희 경기대 직영점을 낼 때를 예로 들면, 우선 사람은 마음이 아픈 분들이었어요. 그분들을 생각하면서 저는 'Small'이라는 단어를 떠올렸어요. 마음이 아프면 사람의 마음이 작아질 수 있어요. 그러나 아름답죠. 그래서 컨셉을 스몰&뷰티풀로 잡았어요. 공간도 작게 마련했죠. 그러니까 공간이 작아서 그런 컨셉을 세운 것이 아니라 사람 – 컨셉 – 장소의 순서로 생각하다보니 경기대점의 독특한 컨셉이 나온 거예요. 실제로 정신질환을 앓았던 분들이 점장을 하도록 했어요. 물론 장소가 중요하지 않다는 것은 아닙니다. 그런데 이미 로스터리 카페(원두를 직접 볶는 카페) 시장이 포화 상태라서 이리저리 돌아다닌다고 큰돈 벌 수 있는 시대는 지났어요. 멀리까지 좋고 예쁜 카페를 찾아나서는 사람들은 많지 않아요. 가까이 있는 편하고 예쁜 카페가 대세인 것 같아요.

큰돈 바라지 않고 조금씩 하는 것이죠. 그렇게 생각하면 위치의 중요성은 그만큼 줄어들죠. 더 본질적이고 중요한 것은 사람입니다.

### 존립할 수 없다면 존재하지 않는 것이 답이다

안대표님이 사회적기업을 생각하고 공부하기 시작한 것은 2005년부터였다고 합니다. 한국사회적기업진흥원이 2010년에 세워졌고, 노동부 주관사업으로 시작된 것도 2007년이니까 그보다 먼저 고민을 시작한 셈이죠. 그러니까 이곳은 노동부가 사회적기업 육성사업을 시작한 초창기에 인증을 받은 1세대 사회적기업이라 해도 무리가 없습니다. 그런데 특이한 점은 4년 전 사회적기업 인증을 받고 나서 단 한 차례도 지원을 받은 적이 없다는 점입니다. 정말 이상하죠. 그 이유가 참 궁금했습니다.

사업 초기에 국가의 지원을 받지 않으셨는데 특별한 이유라도 있습니까?

저는 퍼블릭Public과 프라이빗Private이 무엇일까 참 고민을 많이 했어요. 공공의 영역, 개인의 영역이 어떤 관계인지, 퍼블릭이라는 것이 정말로 공공의 이익을 위하는 것일까, 국가나 복지재단이 하는 일이 퍼블릭일까? 혹시 퍼블릭으로 가장한 프라이빗은 아닐까… 우리가 일반적으로 프라이빗은 건강하지 못한 영역이라고 생각하잖아요. 제 스승님이나 주변에 조언해주시는 분들은 제가 하려는 일은 퍼블릭의 영역에서 해야 한다고 많이 말씀해주셨어요. 그런데 저는 쉽게 동의할 수 없었어요. 건강한 프라이빗, 건강한 사적 시장, 건강한 자본이 가능하지 않을까 하는 꿈을 키웠어요. 왜냐하면 퍼블릭보다는 사적 시장이 훨씬 크고 더 역동적이잖아요. 건강한 자본을 제대로 만들어낼 수 있다면 사적 시장의 질이 한층 더 높아질 것이라 생각해요.

같은 맥락으로 사회적기업의 제도도 사적 시장을 타깃으로 삼아야 해요. 지금처럼 복지시설이 국가지원을 받는 통로로 사용되어서는 절대로 사회적기업의 역동성을 살려내지 못해요. 이번 정부가 사회적기업을 고용 통계 높이는 데 사용했어요. 본질과는 완전히 동떨어진 것이죠. 그러니 당연히 사회적기업이 별 볼일 없게 되죠. 사회적기업이 정말로 살아나려면 사적 시장에서 붐이 일어나야 해요. 장사 이미 잘되는 사업, 이미 시장에서 검증받은 사업가들이 사회적기업으로 전환해야 하거든요. 지금처럼 국가 지원에 초점이 맞춰져 있으면 성공하기 힘들어요. 사회적기업의 생존율이 그처럼 낮은 이유는 다른 게 아니에요. 안되는 장사를 시작했기 때문이에요. 지킬 수 없는 약속을 해놓고 왜 약속을 지키지 못했는지 분석하는 것은 정말 어리석은 짓 아니에요?

## 사회적기업의 제도도

사적 시장을 타깃으로
삼아야 해요.
지금처럼 복지시설이
국가지원을 받는 통로로
사용되어서는 절대로
사회적기업의 역동성을
살려내지 못해요.

어떤 사람들은 저희가 사회적기업으로 지정되고도 지원을 받지 않는 걸 두고 이렇게 저렇게 말하더라고요. '너 잘났다'부터 시작해서 '의사라서 그런다'까지. 저희 생각은 분명했어요. 스스로 생존하지 못하면, 그리고 초기에 그런 구도를 만들어내지 못하면 지원이 끊김과 동시에 망한다고요. 그래서 지원을 안 받은 거예요. 지극히 사업적이고, 전략적인 판단이었죠. 언제든지 지원을 받을 수 있지만 오히려 지원받는 것이 사업의 연속성과 지속성을 해친다면 안 받는 게 득이에요. 사업을 한다는 것, 비즈니스를 일으키고 궤도에 올린다는 것은 장난이 아니에요. 목숨을 걸어야 하는 일이라고요. 그런데 국가가 뿌리는 돈을 받기 위해서 사회적기업을 한다? '되면 좋고 안되면 어쩔 수 없고'라는 생각으로는 절대 사업을 일으키지 못하죠.

저희는 4년 만에 처음으로 지원을 신청했어요. 저희 조직이 스스로 생존해갈 수 있다고 판단했거든요. 그 바탕 위에 더 많은 사람들에게 트레이닝을 제공하기 위해 이번에 지원을 신청했습니다. 회사를 세팅할 때 지원을 받으면 무너지기 쉬워요. 확장하는 데 써야 도움이 되고 더 건강해집니다. 이제 '우리동네'는 세팅이 어느 정도 끝난 것 같아요. 비록 저 개인은 빚더미에 올라섰지만요.(웃음) 그러니 사회적기업 해서 돈 벌었다는 오해는 그만들 하셨으면 좋겠어요.

그밖에도 사회적기업 정책에 대한 전반적인 의견, 사회적기업을 창업하려는 사람들에게 주는 충고도 부탁했습니다. 안병은 대표의 처방이 궁금했습니다.

안대표님 말씀을 들으니 뭔가 잘못 돌아가고 있는 게 분명한 듯합니다. 처방 좀 주시죠.

사회적기업의 기본정신과 철학은 역동성, 창조성이거든요. 그런데 그러한 역동성과 창조성이 어디서 나오느냐면 사회에 대한 불만, 반항, 저항의식에서 나오거든요. 그게 사회적기업의 기본정신이에요. 그런데 이 사업을 국가가 주도한다 해보세요. 이 과정에서 얼마나 많은 서류를 요구하는지 몰라요. 지원 받으려면 창조, 역동 다 사라져요. 사회적기업도 기업이잖아요? 살아남으려면 수익구조와 구조의 혁신을 이뤄야 하는데 국가에서 요구하는 것들 하다보면 그런 혁신은 다 날아가버려요. 기업은 구멍가게가 아니에요. 그러려면 규모의 경제를 이루면서 혁신을 해야 하거든요. 제가 말씀드리는 혁신은 아이디어의 혁신을 말하는 게 아니에요. 구조의 혁신, 유통의 혁신, 수익구조의 혁신이거든요. 아이디어 혁신은 정말 어려운 거예요. 아이템의 창의성은 이미 다 나와 있어요. 창의적인 아이디어를 바탕으로 기업을 하겠다는 생각은 계란으로 바위 치는 거랑 같아요. 건강한 구조, 건강한 조직이 먼저 세워지고 그 바탕 위에서 창의의 작업이 일어나는 것이거든요. 그런데 국가도 그렇고 사회적기업을 하겠다는 사람들의 마인드까지 어떤 아이템을 중심으로 대박을 꿈꾸는 것이라면 제대로 뿌리내리기 힘들죠.

그런데 사회적기업 심사는 어떻게 하죠? 아이템이 있는지, 아니면 돈이 있는지를 심사해요. 창의에 대한 심사는 사실상 없어요. 왜냐면 국가가 창의를 평가하기 힘들거든요. 그러니 항상 객관적 잣대, 말하자면 자본이 얼마나 있느냐를 가지고 지속 가능성을 평가해요. 국가도 그런 면에서 전문성을 키워야 해요. 국가가 정말로 해야 할 일은 서류평가가 아니라 붕괴된 노동시장을 복원시키는 일이에요. 사회적기업의 기본 조건이 장애인이든 사회적 약자든 고용하라는 거잖아요? 그런데 정식으로 고용해서 4대 보험과 퇴직금 정식으로 다 주면서 사회적기업 운영이 가능합니까? 그러니까 복지시설만 신청을 하게 되고 그냥 1, 2년짜리 프로젝트로 전락하고 마는 것이죠. 임대료는 치솟고 노동시장은 붕괴된 상황에서, 고용하면 지원한다는 정책은 눈 가리고 아웅 하는 거죠. 국가가 하려면 정말로 제대로 하든지 아니면 모험하겠다는 사람들에게 정말로 지원을 잘 해주든지 해야죠. 위험 감수는 안하고 실적만 올리려는 태도로는 아무것도 안돼요. 이런 상태로는 얼마 안 가 기업생태계 자체가 무너지고 맙니다. 처음부터 다시 재고해야 합니다.

카페 이야기만이 아니라 사회적기업 전반에 대한 안병은 대표의 이야기를 전해드리는 것은 카페를 통해 좋은 일을 하시고자 하는 분들에게 어떤 마인드로 접근해야 하는지 말씀드리고 싶어서입니다. 비즈니스는 비즈니스로 접근해야 합니다. 환상에 빠져서도 안되고, 그렇다고 이상을 쉽게 포기할 필요도 없습니다. 올바른 마인드와 접근방식을 가지고 시도한다면 충분히 지속 가능합니다. 안병은 대표가 그것을 증명했고 카페바인도 실패에서 배운 만큼, 자신감을 가지고 다시 시작하려 합니다. 중요한 것은 국가에든 개인에게든 지원을 받지 않고 수익구조, 조직, 프로세스의 혁신을 통해 스스로 존립할 수 있어야 하는데 사업 초기에 지원을 받는 것은 오히려 그런 문제의식을 희석시키고 결과적으로 사업의 지속성을 저해한다는 사실입니다. 국가의 지원을 받는 사회적기업의 생존율이 지극히 낮다는 점이 이를 입증합니다.

### 비전은 공유할수록 현실이 된다

'우리가꿈꾸는동네'를 규모 면에서 보자면 이제는 중소기업이라 해야겠죠. 이 규모에 이르기까지 안병은 대표 혼자 일한 것은 아닙니다. 정신질환 환자들과 대학시절부터 함께 공동체를 꿈꿨던 후배, 그리고 동료 의사들이 있었기에 가능했습니다.

**함께 이 일을 이뤄낸 분들의 이야기도 듣고 싶습니다.**

커피도 도예도 저는 다 모르는 분야예요. 주위에 커피를 아주 좋아하는 친구며 도예에 관심있는 친구가 있어서 가능했어요. 큰 그림을 그려놓고 시작된 게 아니에요. 내 옆에 있는 사람이 할 줄 알아서 시작된 거예요. 저는 그런 재능들을 연결시키는 역할을 합니다. 무엇보다 저와 함께한 환자들이 가장 큰 스승입니다. 그들이 무엇을 원하는지 물어보면 답이 나와요. 인간은 다 똑같아요. 좋은 곳에서, 예쁘고 쾌적한 곳에서 일하고 싶어해요. 누구나 카페에 대한 로망이 있잖아요. 대부분 커피도 좋아하고요. 마음이 아픈 분들도 그래요. 그래서 카페를 하게 됐어요. 그분들의 의견을 존중하고 시혜의 대상이 아닌 참여의 한 주체로 만나면 답이 금방 나오거든요.

아직도 마음에 남은 숙제가 있으시다면, 그리고 궁극적으로 소망하시는 것은?

마지막 고민은 병원을 퍼블릭화할 것이냐, 아니면 끝까지 건강한 프라이빗으로 남길 것이냐입니다. 병원은 솔직히 잘 운영됩니다. 제 개인적 채무를 갚고 나면 병원을 어떻게 해야 하나, 계속 고민중이에요. 저뿐만 아니라 우리 커뮤니티 안에 있는 세 원장 모두 고민이죠. 15년 전 함께 학교를 다니며 꿈을 나눴던 후배가 지금 커뮤니티에 들어와 있어요. 공동체를 만들고 어려운 사람들과 함께 살자고 지겹도록 꿈을 나눴던 후배죠. 우리 세 원장들은 모두 월급만 가져가자고 결의했어요. 우선 카페가 스스로 자립할 때까지는 병원에서 임대료를 책임지고요. 약국도 공동의 선을 위해 함께 작업하고요. 커뮤니티의 공공성을 담보하기 위해 어떻게 하면 개인과 공공 사이의 균형을 이룰 수 있을지 고민하고 연구하고 있어요. 카페는 그런 우리의 고민이 연출되고 드러나는 공간이 될 거예요. 지금보다 더 융합적인 모델을 생각하고 있어요. 갤러리카페나 북카페의 개념을 넘어 정신적인 것과 문화적인 것들이 다양하게 융합되는 공간으로서 카페랄까요. 아직 구체화된 것은 아니지만 '우리가꿈꾸는동네'에서 그런 시도들이 일어나지 않을까 기대하고 있죠. 함께 배우는 카페가 될 것 같아요. 덧입히는 작업은 계속될 거고요. 계속해서 융합되고 변화하는 공간이 될 것이라 생각하고 또 기대합니다.

학창시절 함께 꿈을 나눈 젊은이들이 15년 후에 다시 뭉쳤다는 이야기는 감동적이었습니다. 재미있는 것은 뒤에 제가 소개할 카페 모두가 한 사람의 힘이 아니라 여러 사람의 꿈이 모여 이루어졌다는 것입니다. 혼자 꾸는 꿈은 이상이지만 함께 꾸는 꿈은 현실이 된다고 하죠.
안병은 대표는 인터뷰가 끝난 후에 제게도 이런 저런 일들을 함께 해보자고 즉석에서 제안하기도 했습니다. 그만큼 함께 일하는 것에 익숙하고 열매를 나누는 일에 주저함이 없는 분이라는 걸 다시 느꼈습니다. 바로 그런 점이 '우리동네'와 '우리가꿈꾸는동네'를 특별하게 만든 가장 중요한 요소가 아닐까 합니다. 한 사람의 비전으로 시작된 '우리동네'가 여러 사람이 공유하는 비전이 되어 현실로 구현되는 놀라운 과정을 보며 역시 사람이 중요하다는 것을 느낍니다. 사람이 곧 카페입니다. 사람으로 인해 공간이 정의되고 해석됩니다. 마케팅이나, 인테리어는 모두 종속변수일 뿐입니다.

안병은 대표에게 마지막으로 조금 엉뚱한 질문을 던졌습니다. 순전히 제 개인적인 궁금증에서 던진 질문이었죠. 이런 질문은 사실 종교가 무엇이냐 같은 민감한 질문이죠. 특히 한국사회에서요. 그런데 안대표님이 재미있는 이야기를 했습니다.

**안대표님은 정치를 어떻게 생각하세요?**

　　정치요? 친구들하고 우스갯소리로 수원 시청 옆에 작은 카페를 차려서 빨간색으로 칠하고 체 게바라 사진을 크게 붙여놓기로 했습니다. 우리들만의 시청을 만들자는 거죠. 사회적기업은 진보담론입니다. 바꿔보자는 것이거든요. 피의 혁명이 아닌 시스템의 혁명, 인식의 혁명이죠. 자본이 건강해질 수 있다는 건 한국사회에서 혁명적 발상일 수 있습니다. 그런 혁명가들이 사회적기업을 이뤄낼 수 있다고 생각해요. 천천히, 그러나 분명하게 혁명은 진행되고 있습니다.

　　수원 '우리동네'는 갈 때마다 새롭습니다. 항상 새로운 무엇인가가 그 공간을 통해 만들어지고 시도됩니다. '우리동네'를 한마디로 표현하자면 '혁신과 창조'라고 할 수 있습니다. 계속 새로운 콘텐츠, 새로운 방식을 고민하고 만들어내는 창조성이 공간을 만드는 사람에게도, 또 그곳을 방문하는 사람에게도 큰 즐거움을 줍니다.

4장

신길동그가게

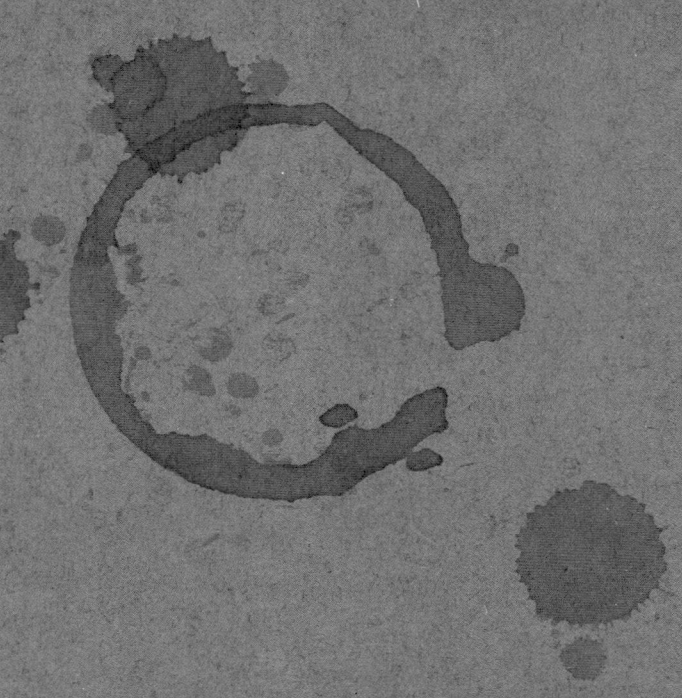

'신길동그가게'의 최정은 대표는
인문학적 각성이 무엇인지 제대로 보여주는 표본입니다.
인문학적 상상력은 최정은 대표가 남다른 일들을 펼쳐내는 능력의 원천입니다.

그 원천을
살펴보고자
합니다.

**4장**
# 신길동그가게

대방역에 내려서 길을 건너 골목으로 들어서면 뭐랄까 진짜 '골목길' 느낌이 납니다. 구멍가게와 세탁소가 보이고 주택들이 늘어서 있습니다. 음식점, 분식점도 많고요. 제가 초등학교 다니던 시절 서울의 모습과 크게 다르지 않습니다. 그곳에 '신길동그가게'가 있습니다. 이름부터 심상치 않죠? '그' 가게에는 무엇이 있을까? 카페 이름으로는 다소 생소하지만 부담스럽거나 어색하지는 않습니다. 이미 인문학적 바탕이 깔려 있는 것을 이름에서 알 수 있습니다. 그 가게에서는 어떤 일들이 일어나고 있을까요? '그 가게' 안이 무척이나 궁금합니다. 어떤 스토리가 그 공간에서 일어나는지 궁금하지 않으세요? 지금부터는 신길동으로 떠나보겠습니다.

### 간지들의 하루

카페 모습은 정말 평범했습니다. 아니 평범하다 못해 풋풋하다고 해야 할까요? 크기도 아담하고 인테리어도 직접 한 것 같은 부분이 많았습니다. 그러나 그냥 평범한 카페처럼 보이는 '신길동그가게'는 사실 그렇게 평범하지 않습니다.

여기는 간지들이 생활하는 곳입니다. 「간지들의 하루」는 이숙경 감독의 2012년 여성영화제 출품작입니다. 세 명의 청소년 승희, 송하, 은정이가 살아가는 이야기를 담담하게 그려낸 다큐영화죠. 그들은 모두 윙(W-ing)센터에서 함께 생활하는 친구들입니다. 이름이 참 멋지죠? 엄마닭이 달걀을 품는 듯한 포근함이 느껴지기도 하고, 동시에 독수리가 날쌔게 하늘로 솟아오르는 느낌이 들기도 합니다. 이곳 윙센터는 그런 두 느낌이 교차하는 곳입니다.

W-ing의 W는 Woman의 약자입니다. 이런 저런 이유로 어려움에 처한 여성들이 공동체를 이루어 살며 스스로 삶을 개척해나가는 곳이죠. 공식적으로는 사회복지법인이고 서울시가 인증한 자활센터입니다. 복지단체라고 하면 어떤 모습이 떠오르세요? 창의적이고 열정적인 모습인가요? 솔직히 제 머릿속의 복지단체는 수동적이고 정적이며 도움을 필요로 하는 조직과 공간이죠. 그런데 윙센터는 그런 저의 잘못된 선입견을 완전히 깨버렸습니다. 복지단체가 카페를 운영하면 뭔가 부족할 것 같고, 기대를 접어야 할 것 같은 느낌이었는데 윙센터

가 운영하는 '신길동그가게'는 그런 저의 편견을 완전히 부정해버렸죠. 수원의 '우리동네카페'가 보여줬던 치열성과 창의성에 비해 전혀 뒤지지 않았습니다.

요즘에는 복지단체나 종교단체가 카페를 많이 오픈합니다. 지역사회와의 소통이라는 좋은 목적을 가지고 출발하지요. 그런 생각 자체는 참 좋은 것 같습니다. 그러나 많은 경우에 복지단체 직원들, 혹은 종교단체 멤버들의 사적 공간으로 변질되고 맙니다. 공간은 이미 있고 인건비 정도는 나오지 않을까 하는 막연한 기대로 카페를 열면 결국 애초에 기대했던 지역사회와의 소통은 온데간데없고 인건비만 축내는 애물단지로 전락하기 쉽습니다. 혹 독자께서 유사한 고민을 하고 계시다면 '신길동그가게' 이야기를 귀담아 들으시면 많은 도움이 되실 겁니다. 복지단체든 어디든 카페를 하려면 이렇게 해야 한다는 정석을 보여준다고 할까요?

윙센터에서 하는 사업이 카페만은 아닙니다. 현재는 분식집, 핸드메이드숍을 운영하고 있고 전에는 목공소, 뷰티숍도 했었답니다. 물론 사업의 목적이 돈을 버는 것은 아닙니다. 여성들에게 양질의 일자리를 제공하는 것이 일차적인 목표죠. 그런 점에서 상당히 규모있는 사회적기업이라고 할 수 있습니다. 우리나라의 사회적기업 정책에 대해 자조 섞인 비판도 있습니다만 이곳 윙센터는 그런 문제에 대한 명확한 답을 제시합니다.

이른바 전문가라는 사람들도 맥없이 나가떨어지는 열악한 사회적 기업의 현장에서 어떻게 복지단체가 외부의 도움도 없이 좋은 사회적 기업으로 일어설 수 있었을까요?

만약 아무런 사전정보 없이 신길동 골목길을 지나간다면 이곳 '신길동그가게'는 복지단체가 운영하는 카페가 아니라 예상치 못한 지점에서 만나는 작은 동네카페로 보일 겁니다. 한번 들러 커피를 마시고 나면 왠지 다시 오고 싶은 훌륭한 카페죠. 이런 소셜카페는 어떻게 만들어질까요? 답을 듣기 위해서 윙센터의 대표이자 '신길동그가게' 사장님인 최정은 대표님을 만나기로 했습니다. 카페는 시각적으로 드러나는 모습보다 그 뒷면에 있는 스토리가 본질입니다. '신길동그가게'를 이해하기 위해서는 먼저 윙센터의 스토리를 들은 후 최정은 대표의 삶과 고민 속으로 들어가야 합니다. 그래야 비로소 카페가 보입니다. 많은 고민과 시행착오의 흔적을 독자님들도 함께 느껴보시죠. 스토리가 쌓이고 쌓여 카페가 되는 거니까요.

### 첫번째 관문은 인문학적 각성

최근 카페바인에서 청년들과 '어떻게 살아갈 것인가'라는 주제로 이야기를 나눈 적이 있습니다. 필자와 필자의 친한 친구이자 주목받는 NGO '아름다운 배움'의 고원형 대표와 함께 기획한 토크 콘서트였는데 스펙 쌓기에 정신이 없는 20대에게 대안적 삶은 없는지 함께 고찰하는 자리였습니다. 젊은이들에게 여러 이야기를 했지만 가장 중요한 것은 인문학적 각성을 해야 한다는 것이었습니다. 인문학적 각성은 삶의 타임라인에서 일어나는 사건들을 그냥 지나치지 않고 개인사적인 의미를 부여할 수 있는 능력을 갖춘다는 뜻입니다. 그런 인문학적 상상력이 저희가 추구하는 스토리카페의 기본 전제입니다.

'신길동그가게'의 최정은 대표는 인문학적 각성이 무엇인지 제대로 보여주는 표본입니다. 인문학적 상상력은 최정은 대표가 남다른 일들을 펼쳐내는 능력의 원천입니다. 그 원천을 살펴보고자 합니다.

이야기를 이숙경 감독님과의 만남부터 시작해볼까요?

이숙경 감독님은 우리에게 정말 많은 영향을 주셨어요. 2005년에 처음 감독님을 만났는데 당시에는 감독은 아니셨고 영화 공부를 하시면서 저희에게 인문학 강연을 해주셨죠. 이숙경 감독님이 처음 이끄신 강의는 치유적 글쓰기였어요. 여성의 글쓰기, 생활의 글쓰기처럼 우리 생활을 글로 담아내도록 저희를 지도해주셨죠. 저 개인은 물론 저희 센터가 그때 정말 큰 힘을 받았어요.

## 인문학 강연이 있기 전과 후를 미리 정리해주신다면요?

그 이전에는 일반적인 사회복지단체가 가지고 있는 소위 '프로그램'들이 쉴 새 없이 돌아가는 상황이었어요. 그 프로그램들, 너무 지겹고 힘들었어요. 문제 중심적이고 우리를 치료의 대상으로 보는 시각에 숨이 막혔죠. 그리고 더 중요한 것은 프로그램의 중심이 '계몽'이었다는 거예요. 그러니까 우리 친구들은 변화시켜야 할 대상이었고 사회복지사들은 그들을 계몽해야 되는 주체였죠. 이런 이분법적 사고에 기반한 프로그램은 정말 괴로웠어요. 사회복지 프로그램은 안해본 게 없이 다 해봤어요. 그런데 우리 삶은 그다지 변하는 게 없더라고요. 그런데 인문학적 글쓰기를 통해 완전히 새로운 세상을 본 거죠. 당시에는 윙센터가 아니라 '은성원'이라는 이름이었어요. 1953년에 세워진 여성인권복지단체거든요. 저희 외할머니가 처음 세우셔서 소천하실 때까지 열정을 쏟아부으신 곳이죠. 할머니 소천하시고 아버지가 이어받아 운영하셨고 이제 제가 3대째 바통을 이어받았죠. 얼마나 전통적인 색깔이 강했겠어요. 그러니 기존의 우리가 해오던 프로그램이 아닌 인문학 공부는 제 개인적으로도 탈출구였어요. 이숙경 선생님이 인문학 교실 마지막에 이런 말씀을 해주셨어요. '손가락의 반지는 혹 훔쳐갈 수 있을지 몰라도 내면의 힘은 아무도 훔쳐가지 못한다.' 그 후로도 울림이 잦아들지 않더라고요. 그래서 내면의 힘이 뭘까 고민을 시작했어요.

**이숙경 선생님의 인문학 강의 이후로 도움받은 분이 또 계시다면요?**

그 다음해에 『한겨레』에서 김찬호 교수님의 칼럼을 읽게 되었어요. '노숙인에게 필요한 것은 빵이 아닌 장미다'라는 내용이었는데 노숙인에게 인문학을 가르치는 학교 기사도 나오더라고요. 저는 그 기사와 칼럼을 읽으면서 우리가 찾던 것, 그동안 변화되지 않은 삶과 채워지지 않는 갈증에 대한 답이 바로 '이거다'라고 생각했어요. 우리도 인문학을 공부하기로 생각하고 김찬호 교수님 책을 사다 공부를 시작했어요. 노숙인 인문학 교육을 운영하는 성프랜시스대학을 찾아가기도 했고요. 그런데 우리에게 인문학 강의를 해주실 분을 찾기가 어렵더라고요. 어떻게 해야 할까 고민하던 차에 마침 우리 은성원을 컨설팅해주시던 분과 고민을 나누게 됐지요. 당시에 우리 은성원은 변화하기 위해 몸부림치고 있었어요. 시혜와 수혜의 관점에서 완전히 탈피하기 위해 비영리 공공컨설팅을 받고 있었는데 그 컨설턴트께서 제 고민을 들으시더니 며칠 후에 강의계획서를 들고 오셨더라고요. 이분이 철학으로 석사까지 하시고 철학 교수가 꿈이었는데 어찌하다보니 NGO 일을 하게 됐다고 하시는 거예요. 그런데 저희와 함께 일하면서 다시 한번 가르침에 대한 열정을 찾았고 본인이 강의를 하고 싶다고 말씀하시더라고요. 두말없이 당장 시작했죠. 철학 수업을 8회 동안 들었는데 마치고 나서 우리 친구들이 '앞으로 나라는 존재에 대해서 좀더 알아가고 싶다'는 말을 하더라고요. 그때, 뭐라 표현할 수 없는 기쁨을 느꼈어요.

### 그래도 인문학 공부가 쉽지는 않으셨을 텐데요?

그 다음해에는 본격적으로 공부를 해야겠다 생각하고 '공동모금회'에서 1년짜리 프로젝트를 받아서 여성, 문화, 역사, 철학 등 인문학 교육을 진행했어요. 그렇게 3년을 진행했거든요. 그런데 다시 고민에 빠졌어요. 삶이 변하지 않는 거예요. 왜 그럴까, 무엇이 답일까 고민을 하면서 '현장인문학'이라고 하는 '수유너머'의 프로그램에 참여했어요. '수유너머'의 연구원님들을 초청해서 인문학이 무엇인지 어떻게 접근해야 하는지 많은 이야기들을 나눴거든요. 그런데 그분들은 다 박사님들이시고 공부의 도사들인데도 하시는 말씀이 '우리도 공부 억지로 한다'는 거예요. '좋아해서 하는 것도 분명 있지만 진짜 공부는 몸으로 한다'고 하시더라고요. 그게 무슨 말인고 하니 하기 싫어도 감정을 이겨가면서 억지로 엉덩이를 의자에 붙이고 책과 씨름해야 진짜 배움이 일어난다는 뜻이었죠. 생각해보니까 우리는 공부를 너무 우아하게 했던 것 같아요. 좋은 강의 듣고, 내 마음에 와닿는 문구만 선별해서 교훈을 얻는 피상적인 공부를 했더라고요.

Design
Your Passion,
Our Dream

세상을 변화시키는 힘은 "열정"입니다.

이숙경 선생님이
인문학 교실 마지막에
이런 말씀을 해주셨어요.
'손가락의 반지는
혹 훔쳐갈 수 있을지 몰라도
내면의 힘은
아무도 훔쳐가지 못한다.'

그럼 언제부터 윙센터만의 공부가 시작된 건가요?

　　그때부터 강사를 초청하지 않고 우리가 책을 사서 공부를 시작했어요. 큰 소리로 책을 읽었죠. 우리 친구들이 소리를 내어 떨리는 목소리로 책을 읽는데 그 울림이 대단하더라고요. 처음에는 잘 못 읽었어요. 한글을 몰라서가 아니라 그동안 책을 읽어본 적이 없는 거예요. 저는 우리 친구들이 책 읽는 것을 보면서 마치 자신의 삶에 대해 말하는 것 같다고 느꼈어요. 친구들도 책을 통해서 많은 깨달음을 얻었겠지만 저에게도 그들을 다시 이해하는 계기가 되었어요. 그렇게 꾸준히 책읽기를 하니까 그해 6개월간 8권의 책을 읽었어요. 동시에 '수유너머'의 선생님들이 아예 신길동에 오셔서 '현장인문학'을 구현해주셨어요. 저희로서는 전담선생님을 얻은 셈이죠. 이런 과정들을 통해서 우리 윙센터만의 인문학을 찾았죠.

그렇다면, 도대체 카페는 어느 시점에서 나온 이야기인가요?

　　우리가 결론적으로 얻은 주제는 '신체의 능동이 정신의 능동'을 가져온다는 스피노자의 철학이었어요. 우리는 그동안 모든 문제가 심리의 문제라고 생각했어요. 그런데 우리의 진짜 문제는 신체가 움직이지 않는 거였어요. 스피노자를 읽고 나서야 신체의 중요성을 알게 되었죠. 신체가 움직이면 정신도 더 자유를 누리게 될 거라는 믿음으로 그때부터 신체를 움직이기 시작했어요. 인문학 수업도 그때부터는 미리 과제를 해오고 시험도 보고 토론과 발제를 하는 방식으로 바꿨어요. 스스로 엉덩이를 의자에 붙여놓는 연습을 한 거죠. 그리고 일주일에 한번씩은 등산을 갔어요. 사실 그 과정이 힘들어 심지어 공동체를 떠나는 분들도 계셨어요. 그래도 저는 이 방법이 옳다고 생각했어요. 인문학이 답이라고 확신했죠. 왜냐하면 우리가 자활센터로서 단순히 직업교육을 하고 자본주의 사회에서 100만원, 150만원 벌 수 있게 해주는 것은 우리의 존재목적이 아니라고 생각했기 때문이에요. 삶에 대한 새로운 가능성을 찾을 수 있도록 도와주는 게 참 목적이었거든요.

그렇게 꾸준히 인문학을 공부하고 실천하니까 우리만의 문화가 만들어진 것 같아요. 그 과정에서 많은 시행착오와 상처가 있었지만 저는 이 길이 맞다고 지금도 생각해요. 왜냐하면 그동안 해왔던 프로그램들과 국가가 제공하는 수혜가 여성의 삶을 진전시키지 못했거든요. 아무리 지원을 하고 권리를 부여해도 향유할 수 있는 신체가 준비되지 않으면 무용지물이에요. 인문학의 문화가 만들어지니까 현재 내 삶을 영위하는 데 나의 과거가 아무런 걸림돌이 되지 않고, 오히려 나의 과거를 재해석할 수 있는 힘이 생기는 거죠. 과거에 내가 어떤 인물이었든 내가 어떤 삶을 살았든 그것은 새로운 나를 위한 디딤돌이 될 뿐이에요. 인문학이 그런 해석능력을 우리 친구들에게 주었어요. 우리의 본론인 카페를 하게 된 것도 그런 맥락이에요. 시혜에 기대지 않고 노동을 통해서 스스로의 삶을 만들어나가는 방법을 찾은 거죠.

인문학에 대한 최정은 대표의 생각을 들으며 역시 이런 공간이 만들어지는 데는 사람의 생각이 뒷받침되어야 한다는 사실을 또다시 확인할 수 있었습니다. 우리는 인테리어와 컨셉을 말하기 전에 먼저 철학과 스토리를 말해야 합니다. 사실 인테리어 측면에서 '신길동그가게'는 그다지 특징적인 요소가 없습니다. 평범하거든요. 그러나 공간의 내공은 인테리어의 깔끔함에서 나오는 것이 아니라 그 공간을 채우는 사람의 생각에서 나옵니다.

### 화두는 스스로 존립

재미있는 것은 최정은 대표님과 이야기를 나누다보면 수원 '우리동네'의 안병은 대표님과 자주 오버랩된다는 것입니다. 특히 국가지원에 대한 견해는 거의 일치합니다. 이야기를 들으며 내가 수원에 있는지 신길동에 있는지 헷갈릴 정도였으니까요. 경영에 있어서 제1원칙은 무엇이냐고 물었더니 국가 정책부터 이야기합니다.

**대표로서의 경영 원칙을 말씀해주시죠.**

　제 경험을 토대로 말씀드려볼게요. 저희가 야심차게 진행했던 프로젝트 중에 영상사업이 있었어요. 복지단체의 도움을 받는 여성들이 스스로 카메라를 들고 작품을 만든다는 것 자체가 센세이션이었죠. 저희끼리 회사도 만들었어요. 복지기관에서 홍보영상 프로젝트를 수주하기도 하고, 여성부 성폭력예방 홍보물도 찍고 했거든요. 저희끼리 월급 50, 60만원 받아가면서 정말 재미있게 열심히 했어요. 꽤 괜찮은 작품들이 나왔어요. 그래도 상당히 이름 있는 극장에 저희 작품들을 올리고 많은 분들이 와서 보시곤 했죠. 여성부 장관님을 초청해서 시사회를 한 적도 있었고요. 그런데 비슷한 시기에 여성부, 노동부에서 사회적일자리 지원 프로그램을 운영하는데 저희더러 참여하라는 거예요.

**국가의 개입이 시작됐군요.**

　네, 사회적일자리로 모범 케이스를 한번 만들어보라는 것이었죠. 저희는 기본적으로 정부의 지도를 받는 복지단체이기 때문에 좋은 관계를 유지하는 차원도 있고 지원받는 것이 크게 나쁠 것도 없다 생각했어요. 우리 친구들에게 지급되는 월급도 거의 두 배로 늘었죠. 그런데 문제가 생기더라고요. 우리끼리 작은 돈 벌어가며 할 때는 정말 좋았는데 돈 액수가 커지니까 오히려 일을 안하더라고요. 카메라를 들고 나가질 않아요. 그런데 그건 우리 친구들이 부족해서, 게을러서 그런 게 아니에요. 누구나 그래요. 자신이 노동한 만큼 수확해야지 인건비를 100% 지원받으면 누구든지 창의성은 떨어지고 결국 시장에서 살아남지 못해요. 국가지원이 우리 친구들을 더 망치는 길이라는 걸 그때 깨달았어요. 한 달 지나고 나니까 이건 아니라는 생각이 들어서 멈추고 싶었는데 정부 프로그램을 제 맘대로 멈출 수 있나요. 예정대로 1년을 채웠는데 결국 그 팀은 다 쪼개지고 말았어요. 영상 프로젝트 자체를 접었죠. 사회적기업이 망하는 이유가 뭐겠어요. 저희의 경험과 크게 다르지 않다고 생각해요.

**국가지원이 득이 아니라 독이었네요.**

아무리 노력해도 한번 국가지원에 의존하기 시작하면 그 굴레를 벗어날 수가 없어요. 그래서 저희도 최대한 국가의 지원을 받지 않고 저희가 진행하는 사업에서 나오는 수익으로 지속성을 담보하려고 하죠. 물론 우리가 진행하는 복지사업들은 국가의 지원을 받아요. 그리고 우리가 열심히 노력해서 국가가 우리를 믿고 지원해주는 것에 감사하게 생각하고 자부심도 느끼죠. 그런데 노동과 관련된 프로젝트나 사업은 우리가 알아서 해결하려는 거죠. 그래야 1, 2년짜리 프로젝트가 아니라 진짜 사업이 되는 것 같아요. 이것도 시혜의 패러다임을 넘어서려는 노력이거든요. 사회적기업 지원이 수혜의 차원으로 인식되기 시작하면 결과는 뻔하죠. 시혜는 시혜일 뿐 우리 친구들이 자립하는 데는 큰 도움이 안되거든요.

사기업으로서 사회적기업을 운영하는 안병은 대표와 복지기관으로서 사회적기업을 운영하는 최정은 대표의 견해가 일치한다는 점은 시사하는 바가 큽니다. 어쩌면 이 두 그룹은 국가지원을 두고 경쟁하는 관계라고 할 수도 있습니다. 그런데 '우리동네'는 지원을 받을 수 있는 자격임에도 스스로 초기지원을 받지 않았고, 명분 측면에서 국가지원을 받을 가능성이 큰 '윙센터'는 스스로 국가지원으로부터 벗어나려는 노력을 하고 있습니다. 사회적기업을 추구하는 기업가의 기본 자세가 어떠해야 하는지를 잘 보여주는 예가 아닐 수 없습니다.

사회적기업과 관련된 국가정책도 지금까지의 성과를 분석하고 부족한 점을 보완해야 할 필요가 있습니다. 다소 카페의 범주를 벗어나기는 했지만 의미있는 작업을 하기 위해 카페 창업을 생각하는 예비 창업가들에게도 중요한 시사점이 아닐 수 없습니다. 카페바인처럼 소셜카페나 마을카페를 지향한다면 국가인증 여부를 떠나 사회적기업을 지향하게 됩니다. 시작하기 전에 충분한 고민과 존립대책을 세우지 않으면 생존 자체가 어렵습니다. 만약 카페바인을 함께 창업했던 팀이 이들을 먼저 만났다면 지금의 결과와는 다르지 않았을까 하는 아쉬움이 남습니다.

복지기관으로서의 사회적기업은 일반 사기업과 다른 점이 분명 있습니다. 국가지원을 또하나의 지원통로로 인식하지 않고 스스로 존립하는 것이 더 어려운 조직이죠. 우선 인식의 한계를 벗어나기 힘듭니다. 복지기관의 대표 혹은 담당자가 사업에서 당연히 따라오는 실패의 리스크를 감당하는 것이 부담스럽죠. 또다른 문제는 사업이라는 것이 복지기관 입장에서는 존재목적 측면에서 비본질적이라 생각할 수 있고 또 그렇게 보는 눈도 많습니다. 이런 저런 사정을 생각해볼 때 1, 2년 운영해보고 안되면 접는 식의 또하나의 지원통로 이상으로 에너지를 쏟기 어렵습니다. 전략, 마케팅, 영업, 홍보 등 전문적이고 치밀한 고려가 매순간 요구되는 사업을 복지기관이 일으키고 유지한다는 것은 명확한 한계가 있습니다. 윙센터는 자활에 초점이 맞춰져 있기 때문에 다른 복지기관과는 다소 다른 위치에 있습니다. '일'을 통한 치유가 센터의 존립 목적이다보니 아무래도 사업에 대해 좀더 깊이 고민할 수 있고 노하우가 쌓일 수밖에 없지요. 그래서 복지기관이나 종교단체 같은 공적 조직이 공적 목적을 위해 사업을 영위하려 한다면 꼭 고려해야 할 문제들을 최대표님은 잘 알고 있었던 셈이죠.

살아남는다는 게 정말 어렵죠?

존립을 위해서는 철저히 기업의 관점에서 접근해야 합니다. 기업의 이름으로 발생한 수익은 철저히 기업으로 귀속되는 게 맞잖아요. 그런데 복지기관들은 이런 관점을 갖기가 힘들어요. 예를 들어, 어떤 사업을 추진해서 수익이 났다거나, 혹은 국가로부터 지원을 받았는데 돈이 남으면 어떻게 처리하는 게 맞을까요? 기업이라면 당연히 기업으로 귀속되죠. 그런데 복지관이 진행하는 사업의 경우에는 참여한 사람들이 소위 n분의 1로 나눈다든지 복지기관의 일반예산으로 편입시키는 경우가 많아요. 그래서는 사업이 유지되기 힘들죠. 사업으로 수익이 났으면 다시 재투자를 하든지 아니면 정관에서 특정한 절차를 밟아 지출 용도를 결정해야 하는데 그런 절차는 무시되기 쉽거든요. 무엇보다 지출이 사업의 목적에 부합해야 하고 참여자들의 의사가 합리적인 절차를 통해 반영돼야 하는 거잖아요. 철저히 기업의 관점에서 이런 문제들을 해결해야 하거든요. 사업의 참여자들에게 이런 인식을 심어주는 것이 정말 중요해요.

또하나 중요한 점은 재정의 투명성이에요. 사실 이 부분은 너무 당연한 거죠. 저희 경우에는 우리 친구들이 함께 노동해서 번 돈은 한 통장에 모으고 완전히 공개하죠. 돈을 쓰는 것도 제 마음대로 하는 것이 아니라 운영위원을 만들어서 함께 고민하고 서로

**존립을** 위해서는
철저히 기업의
관점에서 접근해야 합니다.
기업의 이름으로 발생한 수익은
철저히 기업으로 귀속되는 게
맞잖아요.

의 동의를 구해서 사용처를 정하고요. 그래야만 주인의식을 갖고 더 신나게 일해요. 재정의 투명성이 담보되지 않으면 저희 같은 복지기관이 일반사업을 하는 것이 부담이 될 수도 있거든요. 이런 부분에서 철저해야 합니다.

사회적기업이나 소셜카페, 마을카페를 생각하는 분들께는 정말 소중한 충고가 아닐 수 없습니다. 특히 복지기관이나 종교단체가 진행하는 카페 혹은 기타 일반적인 사업의 문제점 중 하나는 투명하지 않은 재정입니다. 재정이 투명하지 않으면 참여자 간의 불협화음이 일어날 수밖에 없습니다. 투명한 재정이 지속성 담보를 위한 필수조건이라는 조언은 상식적이지만 절대적이라 하겠습니다.

### 사업을 접는 것도 능력이다

항상 성공하는 법은 없습니다. 때로는 실패가 성공으로 이어지기도 합니다. 성공과 실패를 반복하면서 더 강해지기도 하죠. 최정은 대표도 그랬습니다.

그럼, 윙센터의 사업 중 첫 성공사례는 바로 이 카페인가요?

아뇨, 피부관리숍이었어요. 여성부에서 창업자금 3천만원을 무이자 대출해주는 사업이었는데 저희가 1호점으로 혜택을 받았어요. 그렇게 할 수 있었던 것은 그 일을 잘할 수 있는 참 좋은 친구가 있었거든요. 장사를 정말 잘했어요. 어쩔 때는 월 매출이 5~6백이었으니까요. 그런데 그 친구가 2년 장사하더니 결혼 때문에 장사를 접겠다는 거예요. 그런데 그때 그 친구는 이미 상징적인 인물이었거든요. 다른 쉼터에서 이 친구를 보기 위해 찾아도 오고, 인턴십도 오고 했는데 사업을 접는다니까… 얼마나 말렸는지 몰라요. 저도 그 친구에게 많은 노력을 쏟았거든요. 성공 케이스를 만들어야 한다는 압박감이 강했어요. 저뿐만이 아니라 많은 분들의 기대를 받았죠. 심지어는 여성가족부 국장님이 오픈하는 날 오셔서 우셨어요. 남자분인데, 이 사업에 엄청난 노력과 돈을 쏟아부었는데 눈으로 보는 결과물은 처음이었던 거예요. 그럴 정도였는데 그만둔다고 하니 뜯어말렸죠. 저는 결혼해놓고 우리 친구들에게는 결혼하지 말라고 했다는 거 아니에요. 부끄럽지만 완전 자기모순이죠. 나중에는 애를 내가 키워줄 테니 계속 일하라는 둥 별 설득을 다 했죠. 결국 그 친구는 결혼을 하면서 사업을 접었어요. 지금도 정말 잘 살아요, 엄마로 아내로. 너무 잘됐죠.

　이 사례가 딱히 실패라고 할 수는 없지만 지속할 수 없었다는 점에서 절반의 성공, 절반의 실패라고 생각했어요. 한 사람에게 집중되는 사업은 지속되기 어렵다는 것과 지속성을 담보하기 위해서는 사람을 키우는 것 외에도 시스템을 정착시켜야 한다는 것을 알게 됐어요. 그래서 카페를 생각했던 거예요. 물론 카페가 멋있게 보여서 한 측면도 없잖아 있어요.(웃음) 솔직히 카페는 모든 사람의 로망이잖아요? 저희도 그랬어요. 그러나 더 본질적으로는 우리 친구들에게 지속적인 일자리, 그리고 지속 가능한 시스템을 주고 싶었죠. 그 결과가 여기 '신길동그가게'예요. 참 잘된 일이에요.

'신길동그가게'가 성공적인 비즈니스 모델로 정착될 무렵 최정은 대표님은 한단계 더 나아가 홍대 근처에 '상수동그가게'를 오픈했다고 합니다. 굉장히 고무적인 사건이었죠. 사회복지단체가 국가지원 없이 사업을 확장했다는 게 쉬운 일이 아니니까요. 작지만 정말 예쁘고 괜찮은 카페였다고 합니다. 그런데 결론적으로 올 초에 문을 닫았다는군요. 왜 그랬을까요?


상수동 가게를 접으신 과정 좀 자세히 설명해주시죠.

여기 신길동은 항상 누군가 함께 있잖아요. 저도 매일 돌아다니고, 친구들도 많고요. 그러니까 정서적이나 심리적으로 안정되는데 상수동은 멀리 떨어져 있다보니 우리 친구들이 어려워하더라고요. 심지어 우울증 생기겠다는 친구도 있었어요. 일을 제대로 못했어요. 어떤 사람들은 카페 위치가 안 좋다거나 규모가 너무 작아서 안되는 것 같다는 의견을 주기도 했지만 책임자인 제가 판단할 때는 우리 친구들이 일할 수 있는 조건을 만들지 못한 게 가장 큰 원인이라고 생각해요.

미련은 정말 많았는데 깔끔하게 접었어요. 어떻게 보면 '상수동그게'를 낸 동기가 뭔가를 보여주고 싶었기 때문이 아니었을까 반성했어요. 국가지원 없이 우리도 홍대에 진출할 수 있다는 걸 보여주려는 마음이 있었나봐요. 그건 단순한 허영이라기보다는 우리 힘으로 할 수 있다는 것을 대외적으로만 아니라 우리 스스로 증명해 보이고 싶었던 거예요. 그런데 2호점을 운영할 만한 능력은 부족했던 거죠. 거기서 나올 때도 건물주와 얼마나 어려웠는지 가진 자들의 횡포가 이런 것인가 처음 알았어요. 시위까지 할 생각이 들었으니까요. 그런데 리더인 저의 판단 미스로 친구들에게 상처를 주면 안되겠기에 그냥 물러섰어요. 그러면서 카페라는 사업의 본질에 대해서도 고민을 하게 되었죠. 과연 카페가 십대 문화와 맞는 것인가? 커피라는 것이 십대에게 어떤 의미일까를 많이 고민했어요. 결론은 카페가 멋지고 낭만적이지만 우리들에게는 적합하지 않을 수도 있다는 것이었어요. 십대들은 역동적으로 움직여야 하는데 카페는 앉아서 손님을 기다려야 하잖아요. 그래서 또 연구를 했죠. 어떤 사업이 우리 청소년들에게 적

더 본질적으로는
우리 친구들에게
지속적인 일자리, 그리고
지속 가능한 시스템을
주고 싶었죠.
그 결과가 여기
'신길동그가게'예요.
참 잘된 일이에요.

합한지. 그래서 금년 초에 다시 분식집과 카페가 융합된 형태의 '조잘조잘분식집'을 시작했어요. 지금 잘 진행되고 있어요.

사실 '상수동그가게'도 꼭 문을 닫아야 할 필요는 없었습니다. 그러나 사업의 목적에 부합하지 않을 때는 과감하게 손실을 감수하는 결단력이 돋보였습니다. 어떻게 보면 책임자로서 쉬운 결정이 아닙니다. 다시 만회할 수 있다는 자신감과 상황을 정확히 판단하는 객관성 없이는 사업을 철회하는 것이 정말 어렵습니다.

카페바인도 그런 면에서 반성을 하고 있습니다. 안되는 사업은 빨리 접어야 합니다. 막연한 기대감과 근거 없는 자신감으로 사업을 유지하다가 결국 재기불능 상태로 끝나버리는 경우가 얼마나 많은지 모릅니다. 사업을 접는 것도 능력입니다. 주목할 점은 윙센터가 영위하는 사업들의 대부분은 스스로의 자본으로 해결한다는 점입니다. 물론 자활센터로서 지원을 받습니다만 주로 먼저 사업 제안을 받는 수준에 이르렀습니다. 이번 '조잘조잘분식집'의 경우에도 정부에서 사업을 같이 하자고 제안한 경우라 합니다. 그리고 운영을 전적으로 책임지는 것이죠.

### 누가 주체인가

최정은 대표의 이야기를 듣다보면 '누가 주체인가?'라는 질문으로 귀결됩니다. 복지단체나 종교단체 혹은 마을과 같은 공동체의 이름으로 카페를 운영하려 하신다면 이 부분이 가장 중요하지 않을까 생각합니다. 최정은 대표의 강점도 바로 이 지점에서 나오는 것 같습니다. 그의 이야기는 복지기관의 대표라고 하기에는 너무 생소합니다. 그러나 재미있습니다.

**최대표님은 복지관 대표로서 예상했던 이미지와 많이 다르십니다.**

저는 태생적으로 연민이 없는 사람인가봐요. 저는 우리 친구들을 봤을 때 불쌍하다고 생각한 적이 없어요. 오히려 친구들의 아픈 어제가 새로운 내일을 만들어내는 밑거름이 될 수 있을 거라 생각해요. 그보다 더한 일이 일어날지 모르는 게 삶이잖아요. 그리고 세상일이라는 게 보름 정도 지나면 이해 못할 일도 없지 않나요? 저는 친구들의 삶이 이해가 되더라고요. 그러다보니까 우리 친구들의 말을 들어주고 아파해주는 것보다는 자꾸 일을 만들어서 일을 시키게 돼요. 솔직히 말해서 저의 이런 성향이 잘못된 것이 아닐까 고민 많았죠. 제 동료들을 보면 정말 사랑과 희생에 가득 차서 헌신하는데 저는 그런 게 없거든요. 제 스스로 생각해도 혹시 나는 이 분야에서 일할 자격이 없는 것 아닐까 자문할 때도 있었어요. 우리 친구들이 뭘 배워오면 저는 배움에서 그치지 말고 비즈니스로 만들어내라고 항상 요구해요. 도시락을 배워오거나 꽃꽂이를 배워오면 좀더 노력해서 프로만큼은 아니더라도 상품으로 내놓을 수 있을 만큼 연습하도록 한 다음에 제가 가지고 나가서 팔죠. 그건 단순히 돈을 벌라는 요구가 아니에요. 노동해서 스스로 벌어먹는 것은 인간으로서 기본적인 역할이라고 생각하거든요. 제 아버지가 저에게 하신 말씀 중에 '네가 여자지만 평생 노동해서 먹고살 수 있는 능력을 갖춰야 한다. 혹시 비열한 남자라도 만나면 이혼해서 먹고살 수 있을 정도는 돼야 한다'라고 하셨어요. 한편으론 황당한 말씀이지만 너무 멋진 말씀이에요. 그래서 그런지 저는 우리 친구들이 스스로 일어설 수 있도록 돕고 싶어요. 그리고 인문학 공부를 한 이후로는 연민의 감정이 결코 우리 친구들을 돕는 게 아니라는 걸 알았어요. 특히 니체를 만나고 나서는 연민이 아닌 평등이 진정한 약이라는 걸 알게 됐어요.

인간에 대한 최정은 대표의 이해가 복지기관의 수장으로서 어떻게 평가받을지는 제가 판단할 수 있는 영역은 아닙니다. 그러나 한 가지 분명한 것은 '신길동그가게'에서 일했던 종업원들은 사회가 자신에게 어떤 요구를 하는지 명확하게 인식할 것이라는 사실입니다. 그것은 단순히 개인적인 이득만은 아닙니다. '신길동그가게'가 주변 카페들과의 경쟁에서 뒤처지지 않고 오히려 앞서가는 것은 그런 확고한 철학이 있기 때문입니다. 각 구성원의 존립이 조직의 존립으로 이어집니다. 서두에서 말씀드렸듯이 사람들은 좋은 의도를 보고 카페를 찾지 않습니다. 처음 한번은 그럴지 몰라도 서비스, 커피의 질, 공간을 보고 카페에 옵니다. 비즈니스의 본질에 충실해야 합니다. 좋은 의도의 함정에 빠져서는 안됩니다.

**인터뷰를 끝내야 할 지금 다시 보니 최대표님은 사업가다운 면모로 똘똘 뭉치신 분 같아요.**

저는 윙센터의 대표지만 이 카페에서만큼은 사장이에요. 제가 필요할 때마다 여러 안경을 바꿔 쓰는데요, 카페의 사장이라는 안경을 쓸 때는 때로 혹독하리만큼 직원들을 다그칠 때도 있어요. 메뉴를 정할 때는 품평회를 통해서 결정해요. 우리 친구들이 만들어온 메뉴들을 최대한 객관적 입장에서 평가하죠. 구성원 스스로도 평가하고요. 그렇게 해서 통과된 제품만 메뉴로 올려요. 이 카페가 우리 윙센터 입장에서는 재활의 현장이지만 고객 입장에서는 여느 카페와 다름없는 여러 선택사항 중 하나잖아요? 서비스나 맛에서 뒤지지 않기 위해 부단히 노력하죠.

안 그래도 이날 먼저 카페에 와서 최대표님을 기다리고 있었는데 저희가 와 있다는 걸 모르셨는지 들어오시면서 직원들을 혼내시더라고요. 손님에게 인사를 잘 안한다고요. 원래 그렇게 화끈하시다는 건 알고 있었지만 친구들을 혼내시는 걸 보니 이분의 말씀과 행동이 일치한다는 걸 알 수 있었죠. 일반적으로 생각하기에는 어려운 상황에 있는 구성원들을 야단친다는 게 좀 어려울 수 있는데 최정은 대표님은 그 부분에 대해서 명확했고 또 자연스러웠습니다. 카페의 전체적인 분위기도 그런 최대표님의 스타일을 닮았습니다. 우선 서비스나 종업원의 태도가 아주 잘 훈련된 프랜차이즈의 종업원에 비해 부족함이 없습니다. 그렇다고 기계적인 인사치례나 훈련된 동선이 있는 것도 아닙니다. 저같이 민감한 사람은 프랜차이즈 종업원들의 기계적 인사가 사실 좀 불편하거든요. 카페나 음식점에 들어가면 전직원이 '안녕하세요'를 동시에 외치는 모습이 좀 안쓰럽기도 하고요. 같은 인사를 해도 인간의 정이 스며든 말 한마디라면 얼마나 좋을까 생각하곤 합니다. '신길동그가게'가 그렇습니다. 물론 제가 '신길동그가게'를 이미 알고 찾아왔기 때문에 훨씬 우호적일 수도 있었겠지요.

그렇다 해도 '신길동그가게'에는 그동안 윙센터가 쌓아온 인문학적 내공이 깃들어 있습니다. 의자, 테이블도 모두 이곳에서 직접 만든 작품들입니다. 그래서 어떤 의자는 조금 부서져 있고 마감이 잘 안된 것도 있습니다. 그런데 그런 모습이 인문학적으로 해석되고 오히려 더

'신길동그가게'에는
그동안 윙센터가 쌓아온
인문학적 내공이
깃들어 있습니다.
의자, 테이블도 모두
이곳에서 직접
만든 작품들입니다.

신비스러운 분위기를 만들어내죠. 이런 점이 '신길동그가게'를 특별하게 만듭니다.

  카페를 나서면서 바로 옆에 있는 핸드메이드숍에서 아내 선물을 샀습니다. 예쁜 손수건인데 한땀 한땀 손힘이 들어 있는 손수건이었죠. 카페도 그런 느낌입니다. 모든 공간에 사람의 손길이 느껴집니다. 카운터 왼쪽 벽면이 큰 칠판인데 이런 저런 메모가 눈에 띕니다. 메뉴도 이 칠판에 손글씨로 적어놨습니다. 카페의 모든 면에 이곳에서 치유의 삶을 사는 여성들의 손길이 깃들어 있습니다. 그래서 그런지 카페가 전체적으로 단아하고 큰 특징이 없으면서도 공간의 여운이 깊게 남습니다.

  신길동에 가신다면, 그래서 '신길동그가게'에서 커피 한잔의 여유를 누리실 만한 기회가 닿으신다면 그곳의 스텝 분께 부탁드려 카페의 안쪽을 꼭 들여다보시기 바랍니다. 지금껏 장황하게 설명드린 '신길동그가게'의 내공을 고스란히 느끼실 수 있거든요. 카페의 2층에는 윙센터의 연구소와 작업실, 생활공간이 있습니다. 뒤쪽 건물로도 주방과 몇개의 방들이 있습니다. 1953년 설립된 이 작은 자활센터가 한 자리에서 수십년을 지켜온 역사가 곳곳에 고스란히 담겨 있습니다. 연구실에 꽂혀 있는 책들(특히 이사장님이 좋아하신다는 니체의 저작들)과 직접 제작한 책상들, 초대 원장이신 현 이사장님의 할머님께서 쓰셨다는 작은방, 각 생활공간마다 붙여진 이름들… 하나같이 역사의 숨

결이 느껴졌습니다. 이 작은 공간이 한국의 근대사를 모두 견뎌왔다는 생각만으로 벅찼습니다. 1층에는 자그마한 마당이 있는데 운치있게 놓여 있는 작은 벤치에 앉아 이런 저런 생각을 해보았습니다. 복잡하고 어지러운 서울 한복판에서도 이곳의 시간은 멈춰진 듯했습니다. 그러나 그 멈춘 듯한 공간은 50년이 넘도록 시대의 아픔을 견뎌내며 지금도 세상을 향해 울리고 있었습니다.

이 공간에서 쉼을 얻고, 다시 세상을 향해 나아갈 수 있었던 수많은 분들의 말없는 증언이 '신길동그가게'가 내리는 커피에 녹아 있습니다. 아, 커피는 그런 것이구나. 커피는 때로 즐거움을 주지만 때로는 엄숙한 감격을 주기도 합니다. '신길동그가게'의 커피는 그런 맛이었습니다.

5장

작은나무

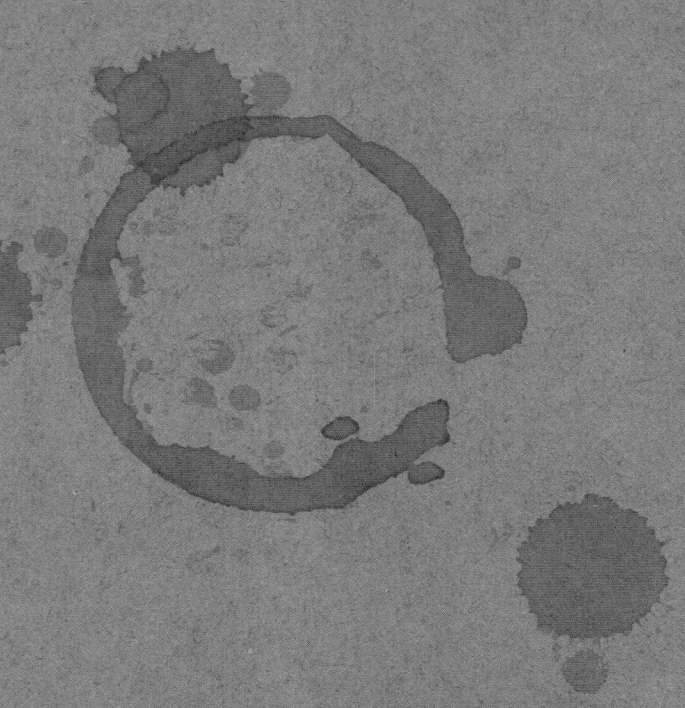

공간은 의미있는 사건들의 배경입니다.
한 공간에 재미있고 의미있는 스토리들이 많이 쌓이면
그 공간 자체가 하나의 의미있는 사건이 됩니다.
마을을 꿈꾸는 분들이 카페를 시작하고 싶어하는 것도
그런 측면에서 이해가 갑니다. 문제는 현실과 이상의 괴리죠.

카페 '작은나무'는
바로 현실과 이상의 괴리 경계에
존재하는 카페입니다.

5장
# 작은나무

좋은 카페들을 돌아다니면서 사실 가장 먼저 찾아갔던 카페는 그 유명한 성미산 마을공동체의 카페 '작은나무'였습니다. 그런데 한두 번 방문해서는 스토리의 결이 나오지 않았습니다. 그만큼 이곳은 많은 사람들의 이야기가 교차하는 곳이죠. 여러 번 방문하고 나서야 '이제는 글을 써야겠다'는 생각이 들었습니다. 글을 쓰기 전에는 많이 걷습니다. 그래야 차근차근 문장이 쌓여가니까요.

## 카페의 본질을 생각하다

무작정 걷기 시작했습니다. 홍대에서 성미산까지 대략 삼십분 정도 걸립니다. 늘어선 상가 건물에 어떤 비즈니스가 채워져 있나 살펴봅니다. 우리 이웃들은 어떤 일을 하며 살아갈까. 여러 업종의 간판들이 보였지만 편의점과 음식점이 가장 많이 눈에 들어옵니다. 그런데 업종을 세어보니 그리 많지는 않습니다. 얼추 분류해보니 스무개 안팎입니다. 물론 지역마다 특성이 있어서 다른 곳에 가면 또다른 다양한 업종이 있겠지만 어쨌든 생각보다 많지는 않습니다.

요즘 카페바인이 생각하는 것 중 하나가 '무엇을 생산할 것인가'입니다. 카페라고 하면 커피나 음료를 만들어 파는 것, 공간을 제공하는 것 이렇게 두 가지가 생각나죠. 그러나 직접 카페를 운영해보니 그것만으로는 뭔가 부족합니다. 과연 커피와 공간이 카페 비즈니스의 본질인지 명확하게 그림이 그려지지 않았습니다. 더 치열한 고민이 필요했습니다. 길을 걸으며 카페 비즈니스에 대한 이런 저런 생각에 빠져봅니다.

홍대라는 지역의 특성을 생각해봤습니다. 홍대의 유동인구는 엄청납니다. 처음 시장조사를 위해 유동인구를 체크할 때 지나가는 사람들 셈하는 속도보다 사람 다리 지나가는 속도가 더 빨랐을 정도니까요. 그러니 별 고민 없이 '잘되겠지'라고 생각했던 것이죠. 그러나 지금 생각해보면 제가 그때 읽지 못한 것이 있었습니다. 그것은 그 많은 사람들의 옷차림이었습니다. 화려한 액세서리와 비싼 가방이 뜻하는 바를 그때는 몰랐습니다. 홍대를 '소비'하기 위해 멀리서부터 온 사람들에게는 커피가 싸고 맛있는 게 그다지 중요하지 않았습니다. 그들이 찾는 것은 '격'을 높여주는 공간이었죠. 말하자면 스타벅스, 카페베네가 제공하는 것은 비싼 만큼 맛있고 좋은 커피가 아닙니다. 그들은 고객이 원하는 '격', 다른 표현으로 '클래스'를 파는 겁니다. 일반적으로 '격'이 있는 공간을 만들려면 인테리어 비용도 보통 많이 드는 게 아니지요.

두번째 고민은 '땅'입니다. 유동인구가 많으면 그만큼 땅값도 비쌉니다. 한마디로 임대료가 높다는 이야기입니다. 저희의 경우 말씀드린 대로 부가가치세, 관리비까지 374만원을 매월 냅니다. 거기에 보증금이 7천만원이니 이자비용을 생각하면 매월 들어가는 임대료는 거의 4백입니다. 정말 무리한 수라 할 수 있습니다. 처음 장소를 물색할 때도 월 2백을 마지노선으로 생각했습니다. 그러나 사회적 운동 공간으로서 접근성을 확보하기 위해 무리를 감수하고 길가 옆으로 자리를 잡았습니다. 언급했듯이 유동인구가 좋은 상권에 있으니 잘될 것이라는 아주 막연한 (그리고 결과적으로는 황망한) 기대를 걸었던 거죠. 그럼에도 고객들은 찾기 어렵다는 지적을 많이 하십니다. 왜 1층이 아니냐고 물어보시죠. 그러나 1층에서 장사를 하려면 커피를 하루에 2백잔 팔아도 임대료조차 내지 못합니다. 홍대 상권이 좋다고 하는데 상권이 좋으면 그만큼 임대료도 비쌉니다. 열심히 일해서 땅주인에게 갖다 바치는 꼴입니다. 홍대뿐이겠습니까? 대한민국 전체가 땅장사꾼으로 가득합니다. 생산하지 않고 돈을 챙겨가는 부류가 많으면 많을수록 생산해야만 살아갈 수 있는 사람들의 고통은 가중되죠. 이것은 결코 정의롭지 못합니다.

세번째는 고객에 대한 고민입니다. 카페바인이 문을 열기까지 여러 사람의 헌신이 있었습니다. 출자자들은 다들 운동가적 삶을 추구하는 사람들이기 때문에 돈도 별로 없는 분들이셨죠. 대부분 은행빚 져서 출자를 했고 수익창출시 매월 백만원 이상은 기부금으로 책정하는 투자조항도 있었기 때문에 이익을 바라는 투자자도 없었습니다. (물론 시작부터 지금까지 이익을 낸 적이 한번도 없긴 했지만요.) 잘하면 은행이자 갚을 수 있겠다는 기대가 있을 뿐이었습니다. (결국 그조차도 하지 못했죠.) 초기운영을 맡아주었던 '커피밀'의 헌신도 있었습니다. 사실 공정무역의 깃발을 들고 정직한 프랜차이즈를 지향하는 '커피밀'이 없었으면 시작조차 할 수 없었죠. 이렇게 많은 이들의 생각과 바람을 모아 공간을 만들었는데 정작 이 모든 과정에서 매우 중요한 주체 한 부류가 빠져 있었습니다. 다름 아닌 고객입니다. 우리는 고객을 '소비자'의 범주에서 생각하고 있었습니다. 그러나 지금 시점에서 생각해보건대 우리가 찾았어야 할 사람들은 '소비자'가 아닌 '동지'들이었습니다. 그러기 위해서는 카페바인이 추구하는 철학과 방향을 명확히 제시할 필요가 있었고 '고객 동지'들에게 카페바인을 찾을 만한 충분한 가치를 제공해야 했습니다. 스타벅스, 카페베네가 '격' 혹은 '클래스'를 판다면 카페바인은 '가치'를 생산해야 한다는 것이죠. 그리고 그 가치의 핵심요소는 '자발적 참여와 소통'이라고 할 수 있겠습니다. 홍대라는 '소비문화'의 정점에 도전장을 내면서 가장 먼저 만났어야 할 사람들은 고객이었습니다. 시작부터 고객들과 함께 카페를 기획하고 고객들의 아이디어가 창조 및 실현되는 공간이 되었어야 했습니다.

비교적 소규모 자본으로 시작한 저희는 지금 생존의 갈림길에 서 있습니다. 사실 자본주의적 계산법에 의하면 이미 문을 닫았어야 했습니다. 그러나 아직은 살아남아야 할 운동적 가치가 존재하고 우리의 무모한 시도에 공감해주시는 '고객 동지'들이 있기에 냉혹한 자본의 논리에도 불구하고 아직 끝은 아닙니다.

### 여기는 진짜 마을이다

이런 저런 생각을 하다보니 성미산에 다 도착했습니다. 언덕을 쭉 올라가니 성미산초등학교가 나왔습니다. 성미산마을은 워낙 유명하기 때문에 별도로 소개하지 않아도 될 듯합니다. 성미산마을과 관련해서는 인터넷에도 많은 소개가 되었고 여러 매체에서도 기사화됐습니다. 이곳이 더 궁금하신 분은 지금처럼 대표적인 도시마을로 자리 잡는 데 많은 역할을 하신 유창복 님의 책 『우린 마을에서 논다』(또하나의문화)가 도움이 되지 않을까 생각합니다.

여기가 유명한 이유는 여럿 있겠지만 무엇보다 진짜 마을이기 때문입니다. 서울과 수도권에서 '마을'이라 할 만한 곳은 정말 몇 안될 것 같습니다. 제가 사는 곳 주소지가 '정발마을'입니다. 일산에 있는 빌라단지인데 과연 마을이 무엇인지 의문을 품게 만들죠. 아파트보다야 덜 삭막하지만 그래도 마을이라기엔 뭔가 부족한 느낌입니다.

성미산마을은 주택과 단독빌라들이 나열되어 있는 주거지역입니다. 집들이 고급스러운 느낌은 아닙니다. 이곳에 처음으로 마을이 형성된 계기는 공동육아였다고 합니다. 엄마들이 함께 아이들을 교육시키기 시작했는데 입소문이 퍼져서 대기자들이 생기고 점점 규모가 커져서 대안학교까지 생겼습니다.

처음 성미산마을을 갔을 때 성미산학교를 찾았는데 워낙 유명하다 보니 쉽게 찾을 수 있을 것으로 생각하고 무작정 마을을 돌아다녔습니다. 그런데 그다지 넓지 않은 동네를 한 시간 정도 헤맸는데도 학교를 못찾았습니다. 알고보니 학교가 일반주택이더라고요. 본관과 별관이 있어 규모는 작지 않았습니다만 그나마 한 시간 만에 학교를 찾을 수 있었던 것도 아이들의 함성소리 때문이었습니다. 이리저리 헤매는데 아이들 뛰어노는 소리가 하도 크게 들려서 여기구나 했습니다. 학교 정문이라고 해봐야 작은 현관문 하나였습니다. 지친 다리도 쉴 겸 현관 건너편 화단에 잠시 앉았습니다. 눈을 감고 아이들 뛰어노는 소리, 웃음소리, 함성소리를 감상했습니다. 참 아름다운 소리였지요.

**공간은** 의미있는
사건들의 배경입니다.
한 공간에 재미있고
의미있는 스토리들이
많이 쌓이면
그 공간 자체가
하나의 의미있는
사건이 됩니다.

잠시 휴식을 취하고 찾아간 곳은 카페 '작은나무'였습니다. 마을사람들이 공동출자해서 협동조합 방식으로 운영하는 카페지요. 성미산 마을주민들이 함께 진행하는 사업은 마을극장, 도서관, 공방, 마켓 등 상당합니다. '작은나무'는 그중 하나입니다. 그야말로 마을카페입니다. 요즘 들어 부쩍 마을카페에 관심을 보이는 분들이 많습니다. 비단 마을이라는 테마가 한국에서만 관심을 받는 것 같지는 않습니다. 세계화, 집중화, 도시화의 세기를 지나면서 나타난 문제점들에 대한 반성은 전세계적인 트렌드입니다. 도시화가 세계에서 가장 빠르게 진행된 우리나라도 예외는 아니죠. 무너진 공동체를 복원하려는 움직임이 여기저기서 일어나고 있습니다. 카페바인 옆에는 『복음과상황』이라는 다소 진보적인 기독교 잡지사가 있는데 거기에 이종연 기자라는 분이 계십니다. 그분이 재미있는 책을 냈습니다. 『얼마나 좋은가! 한데 모여사는 것』(올리브북스)이라는 작은 책인데 주로 기독교 계열 생활공동체를 방문하면서 쓴 기행문입니다.

어쨌든 공동체를 이루려는 노력은 종교와 상관없이 많은 이들의 주목을 받는 것 같습니다. 그런데 공동체 혹은 마을 복원에 필요성을 느끼는 분들이 공통적으로 갖는 관심 중 하나가 다름 아닌 카페입니다. 왜 그럴까 생각해봤습니다. '누군가와 대화를 나누고 싶다면 커피를 마셔라'는 말이 있습니다. 그만큼 커피가 소통의 매개로서 훌륭한 역할을 한다는 뜻이겠죠. 공동체의 가장 큰 특징은 뭐니 뭐니 해도 진정한 소통이 아닐까요? 그런 의미에서 마을을 생각하는 분들이 자연스럽게 커피를 떠올리는 듯합니다.

카페라는 공간도 그렇습니다. 박원순 변호사님이 카페바인에 오셔서 남긴 가장 인상적인 말씀은 '공간은 위대하잖아요'라는 한마디였습니다. 공간은 의미있는 사건들의 배경입니다. 한 공간에 재미있고 의미있는 스토리들이 많이 쌓이면 그 공간 자체가 하나의 의미있는 사건이 됩니다. 마을을 꿈꾸는 분들이 카페를 시작하고 싶어하는 것도 그런 측면에서 이해가 갑니다. 문제는 현실과 이상의 괴리죠. 그러나 '작은나무'는 바로 현실과 이상의 괴리 경계에 존재하는 카페입니다. 서두에서 말씀드린 그 고민들이 해결되는 곳이죠.

이곳은 마을카페의 가장 훌륭한 모델이라고 생각합니다. 마을사람들이 함께 만들기도 했지만 이곳에서 일어나는 스토리들이 마을 중심적입니다. 최근 저녁 아홉시 즈음 카페에 가보았습니다. 마을버스에서 내려 길을 걷는데 금요일 밤이었는데도 거리가 조용했습니다. 혹시 카페가 문을 닫지 않았을까 걱정이 들 정도로 한산했죠. 다소 어둡기까지 했으니까요. 약간 걱정스러운 마음으로 카페를 찾았는데 다행히 카페는 밝았습니다. 12시까지 영업을 한다고 씌어 있더군요. 카페에 들어가니 아줌마들이 맥주 한잔 하면서 열띤 수다를 나누고 계셨습니다. 그 옆 테이블에는 아이들과 함께 온 가족이 있었고요, 제 옆 테이블에는 초등학생으로 보이는 두 학생이 책을 읽고 있었습니다.

가장 인상적인 장면은 옆에 계시던 가족이 쥐포를 먹고 있었다는 사실이죠. 제가 쥐포를 좋아하기도 하지만 카페에서 쥐포라니. 와우, 이것이야말로 신개념 카페가 아닐 수 없었죠.^^ 함께 동행한 카페바인 운영위원 한 분과 맥주를 한 병씩 마셨는데 카페가 아니라 마을 사랑방에 온 느낌이었습니다. 그 느낌이 가히 나쁘지 않았지요. 카페를 기대하고 왔기 때문에 처음에는 시끌벅적한 분위기가 조금 어색하기도 했지만 어느새 그 분위기에 녹아 저도 그 마을의 구성원이 된 것 같았으니까요. 시끄럽게 떠드는 아이들의 목소리가 유쾌하게 들렸습니다. 이 광경에서 이미 서두에 말씀드렸던 고민들이 해결되고 있었죠. 물론 고민이 아주 없는 것은 아닙니다. 내부의 고민은 밖에서 보는 것보다 훨씬 더 치열하고 깊은 경우가 많으니까요.

### 마을카페는 이런 모습이다

'작은나무'의 고객은 마을사람들입니다. 고객이 카페에 바라는 바도 일반적인 카페와는 조금 다르죠. 고급스러운 커피도 중요하지만 어른들은 쥐포와 맥주 한잔에 아이들은 코코아를 마시는 풍경, 조금은 시끄러워도 유쾌한 여유, 울적할 때 가면 대화할 수 있는 누군가가 앉아 있는 곳. 우리가 일반적으로 생각하는 마을카페의 전형적인 모습이죠. 한산한 거리와 상관없이 고객이 확보되어 있다는 것은 크나

큰 힘이 아닐 수 없습니다. 특히 요즘 같은 불황에는 그 힘이 배가 되죠.

제가 처음 성미산에 왔을 때 비하면 지금은 주변에 카페가 많이 생겼습니다. 이런 곳에 이렇게 많은 카페가 생길 만한 이유가 있을까, 라는 다소 회의적인 의문이 들 정도지요. 그런데도 이곳의 매출은 경쟁자의 출연과 크게 상관이 없다고 합니다. 최근의 재정적 어려움은 주변에 카페가 많이 생겨서라기보다는 불황 때문에 기존 고객들의 주머니 사정이 어려워진 탓이라고 분석하시더라고요.

애초에 카페가 만들어진 이유는 아이들에게 건강한 먹거리를 제공하기 위해서였다고 합니다. 저녁 풍경에서 보듯 아이들이 안전하게 머물 수 있는 좋은 공간이기도 하죠. 얼마나 좋은 공간입니까? 학부모 입장에서야 다른 카페에 갈 이유가 없죠. 카페를 시작하면서 벌써 고객의 상당수가 확보되었으니 고민의 반은 해결됐다고 봐야죠.

'작은나무'에서 기획하는 프로그램이나 이벤트도 꽤 됩니다. 마을 아마추어 음악가들의 작은 음악회, 아이들 동아리 발표회, 마을 출신 사진작가 전시회, 공예품 전시판매 등 여러 크고 작은 행사들이 진행됩니다. 그중에 특히 '마을스러운' 이벤트는 아이들이 동네 친구들 모아놓고 하는 작은 공연입니다. 그리고 일요문화기획이라고 해서 공예품 제조법, 사진 찍는 법, 스마트폰 사용하는 법 등 마을사람들에게 필요한 것 위주로 진행되는 교육도 있습니다. 이런 이벤트나 프로그램에 참여할 수 있는 사람들이 많다는 것도 마을카페의 크나큰 장점이 아닐 수 없습니다.

'작은나무'의 가장 큰 힘은 출자자의 특성에 있습니다. 처음 카페가 만들어질 때 개인적인 이익을 바라지 않고 출자하신 분들이 계셨습니다. 지금까지 출자금에 대해서 한번도 배당을 한 적이 없다고 하니 투자자로 나선 분들은 정말 대단한 분들이죠. 그렇다고 돈이 충분했던 적은 없었다고 합니다. 개인출자와 은행대출로 초기자금을 마련했는데 어느 사업이나 그렇듯이 초기 적자를 보전하는 데 상당한 어려움을 겪었습니다. 이제 겨우 적자구간을 벗어나 은행대출을 조금씩 갚아가는 상황이라고 합니다. 그래도 목돈이 들어가는 상황이 오면 추가 투자를 받을 수밖에 없는데 그때마다 운영위원장, 혹은 운영위원들이 나서서 자금을 마련하고 영업을 지속합니다. 무엇보다 출자자가 200명이 넘습니다. 그중에는 개인도 있지만 단체, 동아리, 가족 등등 공동체적 참여자들이 있습니다. 매년 한번씩 총회를 하는데 회계보고나 사업계획 발표 같은 공식적인 업무보다는 오랜만에 함께 모여서 '작은나무'의 의미를 되새기고 격려하는 축제의 장입니다. 상당수는 마을사람이고 마을카페라는 새로운 시도에 공감해서 참여하신 분들이기에 가능한 일이죠.

이 지점에서 카페바인과 '작은나무'의 중요한 차이가 있습니다. 카페바인도 경제적 이익을 바라지 않는 몇몇 투자자들의 헌신으로 출발

했습니다. 그런데 저희는 투자자들이 카페에서 직접적인 수혜를 누리지 못합니다. 순도 100% 대의를 위한 출자입니다. 물론 수익이 나면 어느 정도 배당을 해야겠지만 수익이 날 가능성이 없다는 것을 깨닫고 나서도 투자자들은 자금 회수를 요구하지 않았죠. 그런 면에서 두 카페의 투자자들은 비슷합니다. 그러나 '작은나무'의 투자자들은 카페의 존재가 자신들의 삶에 긍정적이고 직접적인 영향을 미칩니다. 카페가 없어지면 아이들이 마음 놓고 간식 먹을 공간이 사라지는 것이죠. 본인들도 카페에 들러 휴식을 취하기도 하고 맛있는 커피를 마십니다. 그러니 공간 자체가 '개인적 사건'이 됩니다. 반면 카페바인의 투자자들은 카페의 존재가 본인들의 삶에는 그다지 큰 영향을 미치지 못합니다. 두 카페의 임계점이 다를 수밖에 없는 이유입니다.

저희는 홍대라는 위치 때문에 돈이 더 들어가는데다 이런 마을을 끼고 있지도 못합니다. 투자자들의 삶의 지경도 카페와는 상당히 멀리 떨어져 있습니다. 속된 말로 답이 안 나오는 상황인 거죠. 그러나 단순히 마을카페라서, 또는 임대료가 적다고 수익이 나는 것은 아닙니다. '작은나무' 역시 고전합니다. 그러나 어려울 때마다 새로운 투자자가 나오고 기존 투자자의 추가 투자가 이루어집니다. 저는 그 원동력이 공간과 삶이 가깝기 때문이 아닐까 생각합니다. 즉, 투자자가 곧 고객이라는 의미인데, 그들은 배당에 투자하는 것이 아니라 그들의 삶에 투자하는 것이기 때문이죠.

### 마을은 동화에 나오는 이야기가 아니라 현실

월요일 아침, 또다시 성미산을 찾았습니다. 오전 10시에 오픈하는데 딱 10시에 문을 열고 들어섰습니다. 매니저님이 홀로 동분서주하고 계셨고 몇몇 손님이 벌써 와 있었습니다. 밤에 왔을 때와는 또다른 풍경이었습니다. 본래 카페의 모습이라고 할까요? 조용한 음악이 흐르고 한두 분이 책을 읽으며 커피를 마시는 그런 광경이었죠. 바에 앉아서 매니저님과 이런 저런 이야기를 나눴습니다. 이미 언론이나 여러 매체를 통해 알려진 이야기 말고 실무자로서 카페를 운영할 때 어려운 일들을 말씀해달라고 요청했죠. 매니저님도 마을주민이시고 운영위원이기도 합니다. 운영위원장이 계시지만 매니저님이 운영에 있어서는 최종적인 책임을 지시는 분이라 할 수 있습니다.

**먼저, 마을카페의 실무자로서 힘드신 점이 궁금합니다.**

힘들기도 하고 재밌기도 하죠. 때때로 카페를 구경하러 오시는 손님들이 있어요. 그분들은 주로 사진 찍어도 되느냐고 물어보시죠. 저희 입장에서는 조금 불편해요. 이곳이 내 삶의 터전인데 많은 사람들에겐 구경거리거든요. 카페가 마치 마을 안내소라 생각하고 오시는 분들이 많이 있어요. 하지만 여기는 마을주민들이 편안하게 있고 싶어 오는 곳인데 구경거리가 되면 아무래도 불

**여기는** 성인군자들이
모여사는 특별한 곳이 아니라
그냥 평범한 마을이애요.
각자 이기적인 요구가 있는
사람들이고 그 요구가
채워지지 않을 때는
싸우기도 하고 심지어
욕하면서 떠나기도 해요.

편할 수밖에 없죠. 마을투어 프로그램이 많거든요. 가끔씩은 투어 오신 분들이 창밖에 쭉 서서 안쪽을 바라보기도 하세요. 그 풍경이 재미있기도 하면서 때론 이런 생각도 들어요. 제 삶과 그분들의 삶이 크게 다르지는 않을 텐데 우리의 삶이 너무 과하게 포장된 것은 아닐까 하는 생각이요.

**저를 포함한 다른 분들이 성미산마을을 너무 특별하다 생각하는 건가요?**

여기는 성인군자들이 모여사는 특별한 곳이 아니라 그냥 평범한 마을이에요. 각자 이기적인 요구가 있는 사람들이고 그 요구가 채워지지 않을 때는 싸우기도 하고 심지어 욕하면서 떠나기도 해요. 그런 일은 어디에나 있잖아요? 동네 가면 주차 때문에 싸워요. 어딘들 안 그런가요? 그런데 이 마을에 오면 주차 때문에 싸우는 일에 굉장히 실망을 하더라고요. '큰 뜻을 가지고 모인 사람들이 아니었나' 하는 기대가 무너지는 거죠. 그런 기대를 가진 분들은 훨씬 더 크게 실망하고 비판의 목소리도 더 커요. 일면 이해는 가지만 마을의 본질이 무엇인지 생각하게 돼요. 카페도 똑같은 고민을 하거든요. 마을을 어떤 큰 뜻으로 생각하는 분들은 마을카페에 대해서도 그런 식의 요구들을 해요. 비영리적으로 운영해야 한다는 것이죠. 가령 마을카페는 가격이 훨씬 더 저렴해야 한다든지, 뭔가 일반카페가 하지 않는 공익적 활동을 해야 한다든지 하는 요구요.

저는 매니저님과 이야기를 나누면서 '좋은 의도의 함정'이 이곳에도 있다는 사실을 발견했습니다. 다소 주제넘은 질문일 수 있습니다만 마을의 본질이 무엇일까 생각해봅니다. 마을에 대한 많은 인문학적 해석에도 불구하고 일차적으로는 혼자 살기 힘드니까 모여사는 것이 아닐까요? 급격한 도시화와 개인화가 진행되면서 옆에 누가 사는지 몰라도 혼자 잘 살아갈 수 있을 것 같았는데 시간이 좀 지나보니 역시 함께 살아야 더 잘 살 수 있다는 걸 깨달은 것이죠. 그러니까 개인의 한계를 인정하는 것이 마을로 가는 첫번째 단계가 아닐까 생각해봅니다.

마을의 본질이 개인의 한계 때문에 함께 모여 사는 것이라면 우리는 이기적인 개인을 인정하고 시작해야 합니다. 상대방도 나만큼 이기적인 존재라는 사실을 이해하고, 나 또한 이기적인 존재라는 사실을 인정하는 인식의 바탕 위에 마을공동체를 세우면 더 서로에게 너그러워지고 결국에는 이기적인 동기를 넘어서는 인문학적 성찰을 하게 되지 않을까 감히 적어봅니다. 그래야 자본주의의 파고를 넘어설 수 있을 테니까요.

좋은 의도가 절대로 지속성을 담보하지 못합니다. 어쩌면 자본주의 경제 자체가 그렇게 생겨먹은 건지 모르겠습니다. '작은나무' 매니저님의 고민이 마을카페를 생각하고 계신 분들에게는 정말 소중한 충고가 아닐 수 없습니다. 공간의 공공적 성격과 수익이라는 상반되는 양쪽 날개를 균형있게 펼치는 것이 마을카페의 본질적인 고민이기 때문입니다.

**수익과 공익성, 마을카페로서 두 마리 토끼를 다 잡는 게 어려우실 듯합니다.**

마을이 형성된 계기도 공동육아였고 그것을 통해 학교가 만들어졌잖아요. 그런데 그건 개개인의 필요가 있었기 때문에 가능한 것이지 대의를 위해 개인이 손해를 보면서 만들어진 건 아니거든요. 카페도 같은 맥락에서 이해할 수 있어요. 건강한 돌봄을 고민하다보니 건강한 먹거리를 아이들에게 제공하는 것이 중요해졌죠. 마을사람들끼리의 소통도 중요하고요. 그런 생각들을 하던 참에 좋은 기회가 만들어졌고 많은 분들의 헌신으로 이 공간이 만들어졌어요. 카페가 처음 시작될 때는 카페에서 마을의 많은 부분을 감당했거든요. 이벤트도 카페에서 많이 열리고 공간이 필요하면 다 카페에서 진행이 됐는데 지금은 여러 다양한 단체들과 프로그램들이 마을에 생겨났잖아요.

그러니까 처음 카페가 만들어졌을 때와 지금의 카페가 갖는 의미는 많이 다르죠. 지금은 맛있는 커피를 원한다거나, 카페에서 좀 쉴 수 있는, 때로는 사람들과 조용히 대화하면서도 어쩔 때는 나만의 시간을 가질 수 있는 공간이 돼주길 바라는 손님들도 많이 계세요. 카페 본연의 본질에 가까워지고 있다고 할까요? 그런데 거기에 본질적인 갈등이 있어요. 왜냐면 동네카페에는 보육의 역할도 있기 때문입니다. 서로 모르는 사람들이 아니기 때문에 보육이라는 개념이 가능해요. 맞벌이부부에게 카페는 자녀들에게 건강한 간식을 챙겨줄 어른이 있는 안전한 공간이거든요. 어떤 분은 자녀에게 아이스크림은 한번 이상은 먹지 않게 해달라고 부탁하기도 해요. 그럼 저희는 그 아이들을 다 알기 때문에 'ㅇㅇ야, 아까 먹었으니까 이제 그만 먹어라' 하고 아이들을 돌봐줄 수 있는 거죠. 익명의 공간이 아니라 서로 어느 정도 생활을 알기 때문에 가능한 일이죠. 그런가 하면 아이들이 주로 먹는 아이스크림은 정말 최고의 재료를 사용해서 만들어요. 그리고 웬만하면 가격도 올리지 않아요. 저희는 '적자메뉴'라고 부르죠. 팔면 팔수록 적자가 나는 메뉴라는 뜻이죠.

정말 멋지지 않습니까? 마을을 만들고 싶은 분들은 바로 이런 공간을 꿈꾸실 테죠. 제가 금요일 밤 9시에 만난 풍경도 크게 다르지 않았습니다. 엄마들의 수다방, 아이들의 놀이터, 가족의 대화방. 마을카페에서 기대했던 그 모습 그대로였지요. 그런데 카페 운영 측면에서는 그렇게 간단한 문제가 아닙니다. 이미 마을카페로서의 모습을 기대하고 갔기 때문에 저에게는 그런 풍경이 우호적으로 느껴졌을지도 모르고요.

**일반 카페보다 손님을 향한 더 세심한 배려가 필요할 것 같습니다.**

네, 그 부분이 어려워요. 손님의 경계가 불분명할 때가 있어요. 그건 오시는 손님도 마찬가지고요. 나를 좀더 손님으로 깍듯이 대해줘야 하는 거 아닌가 하고 생각할 수 있거든요. 그렇다고 완전히 손님처럼만 대하는 것도 이 카페의 성격에 맞지 않구요. 그러면 일반적인 카페랑 다를 바가 없잖아요. 다른 카페에는 없는 이 마을카페에만 요구되는 것이 분명 있는데 그게 뭔지는 명확하지 않은 불편함이 있어요. 너무 아는 척을 해도 불편하고 그렇다고 너무 손님처럼 대해도 불편하고요.(웃음) 카페에 대한 다양한 요구가 있는 건 분명한데 때로는 무엇을 요구하는지 불분명하다고 느껴질 때, 그럴 때가 종종 있는데, 그게 어렵죠.

**어떤** 분은
자녀에게 아이스크림은
한번 이상은 먹지 않게
해달라고 부탁하기도 해요.
그럼 저희는 그 아이들을
다 알기 때문에
'○○야, 아까 먹었으니까
이제 그만 먹어라' 하고
아이들을 돌봐줄 수 있는 거죠.

그래도 대부분 호의적인 눈으로 마을카페를 바라보시지 않나요?

사실 어떤 분들은 카페에 대한 거부감도 있어요. 카페는 특정인을 위한 공간이 아니잖아요? 마을주민, 외부인의 경계가 정해진 것도 아니고요. 오히려 많은 분들이 마을에 대한 소속감을 갖길 바라죠. 다른 지역에 사는 분이라도 여기서 일을 하고 계시면 여기 마을사람이라고 생각하거든요. 그런데 스스로 외부인이라 생각하는 분들이 계셔요. 성미산마을이라고 하면 아무래도 성미산학교의 학부모들이 주민으로서의 강한 정체성을 갖게 될 수밖에 없거든요. 성미산학교 학부모가 아니더라도 마을 프로그램에 적극적으로 참여하시는 분들은 마을에 대한 소속감이 강하시죠. 그렇지만 모든 이웃이 다 그렇게 적극적으로 참여할 수는 없잖아요. 다들 삶의 배경이 다르니까요. 그렇다 하더라도 이웃으로서, 한마을 주민으로서 소속감을 가지면 좋을 것 같은데 그게 그리 쉽지는 않은가봐요. 물론 저희의 문제도 있을 거고요. 이유야 어쨌건 스스로 마을사람이 아니라고 생각하시는 분들께는 카페의 그런 공동체적 분위기가 불편하시겠죠. 외부인, 내부인을 가르는 게 정말 불필요하다고 생각하지만 그렇게 느껴지시는 분들은 이 카페에 발을 들여놓기가 참 어렵다고 하시더라구요.

매니저님의 이야기에서 얻은 키워드는 이중성과 확장성의 한계입니다. 이런 한계들은 마을카페의 존립을 위해 꼭 짚고 넘어가야 하는 문제로 생각됩니다.

우선 이중성을 들여다보죠. 굳이 이해가 쉽게 가지 않는 단어를 쓴 것은 달리 적당한 단어를 찾지 못했기 때문인데요. 마을카페는 그 존재 목적들이 서로 상충한다는 의미입니다. 사업이기에 수익이 나지 않으면 존재할 수 없을 텐데 추구하는 사업목적과 방식은 도저히 수익을 내기 힘든 '이타적' 방식을 취한다는 의미입니다. 마을카페는 확실히 매출 증진이 쉽지 않습니다. 존립의 목적 자체가 수익과는 거리가 있고 성공의 잣대 또한 수익의 크기로 정해지지 않기 때문이죠. 그런가 하면 고객의 요구가 이중적입니다. 일반적인 카페에서 얻을 수 있는 효용과 마을 사랑방의 역할을 동시에 요구하기 때문입니다. 즉, 비즈니스의 특성과 마을카페의 존재목적이 충돌하고, 카페라는 공간과 마을이라는 공동체의 컨셉이 충돌합니다.

이 둘을 카페 운영에 적용해보면 가격 결정의 제약과 공간 컨셉의 제약으로 나타납니다. 재료비, 인건비, 임대료 등 비용은 변동하는 반면 매출에 가장 큰 영향을 미치는 가격은 고정된 상태로 유지됩니다. 가격을 올리려면 공동체의 동의가 있어야 하는데 그 과정이 일반적인 비즈니스와 다르게 길고 쉽지 않습니다. 공간 컨셉의 제약도 문제가 될 수 있습니다. 가령 '작은나무'의 고민 중 하나는 야간시간에 동네 아이들이 카페에서 놀아도 되느냐입니다. 언뜻 생각하기에는 그다지 큰 문제가 아닌 것처럼 느껴지지만 카페의 공간 컨셉을 정하는 데 매우 중요한 이슈입니다. 실제로 야간시간에는 아이들의 출입을 제한하려고도 했지만 잘 되지 않았다고 합니다.

이번에는 확장성의 한계에 대해 살펴보겠습니다. 마을카페는 본질적으로 확장성의 한계를 가지고 있습니다. 우선 '마을'이라는 공간적 한계가 분명하죠. 카페에 찾아올 수 있는 사람들의 수가 한정적입니다. 금요일 저녁 한산한 거리를 생각해보면 문제가 잘 드러납니다. 주변에 상업지구가 없는 주거지역은 낮보다는 밤 장사가 핵심입니다. 그런데 금요일 저녁 거리 분위기가 한산하다는 것 자체가 카페를 운영하기에 적합한 위치는 아니라는 것을 보여줍니다. 마을주민 외의 고객 확보가 쉽지 않다는 뜻입니다. 게다가 매니저님이 말씀하신 '외부인'의 보이지 않는 경계가 확장성의 한계를 더 분명하게 만듭니다. 물론 이 두 문제가 독립적이지 않습니다. 카페의 공간적 컨셉이 마을주민이 아니면 이해하기 어려운 측면이 분명 있습니다. 이 두 가지 한계의 상호작용을 극복하는 것이 그리 만만한 과제가 아니죠.

분명 '작은나무'가 마을카페로서 선구자적인 역할을 하고 있지만 말씀드린 두 가지 한계 때문에 고전합니다. 일반적인 기업의 관점으로 보면 한번도 수익을 낸 적이 없다고 해야 맞습니다. 왜냐하면 배당을 한 적이 없으니까요. 그렇다고 이곳이 실패하고 있다고 생각하는 사람은 없습니다. '성공'의 기준이 다르기 때문이지요. 저는 마을카페 혹은 소셜카페의 성공기준을 두 가지로 정리했습니다.

하나는 지속성입니다. 이건 기본 중의 기본이죠. 무슨 일이든 계속 적자가 나는데 유지할 수는 없습니다. 그러나 이 지점에서 한 가지 짚고 넘어갈 점은 앞서 서술했듯이 위기가 왔을 때 임계점이 어디인가를 생각해야 합니다. 그건 얼마나 많은 사람이 카페에 대한 책임감을 가지고 있느냐와 관계있습니다. 사업을 하다보면 위기는 언제든지 찾아올 수 있습니다. 위기가 찾아왔을 때 십시일반 도울 수 있는 사람이 많으면 많을수록 건강한 구조입니다. 한 사람에게 의존하면 결국 위기를 넘어서지 못합니다. '작은나무'는 그런 의미에서 임계점이 높습니다. 위기를 극복할 수 있는 근육을 잘 형성하고 있습니다.

소셜카페, 혹은 마을카페의 두번째 성공기준은 존립의 근거인 사명을 잘 감당하고 있느냐입니다. 소셜 미션이 위축되지 않고 오히려 확장되고 있다면 가장 바람직할 것입니다.

이 두 가지 성공기준은 서로 상충하는 측면이 있습니다. '이타적' 방식으로 이윤을 추구하는 것이 어쩌면 가능한 전제가 아닐 수도 있습니다. 이러한 문제의식은 어느 사회적기업이나 고민하고 있을 겁니다. 이 두 기준의 적절한 타협점을 찾아야 지속 가능성과 동시에 미션을 확장할 수 있습니다. '작은나무'의 고민도 주로 이 부분에 집중되어 있는 현실입니다.

### 비즈니스와 마을의 역학

'작은나무'의 의사결정 구조를 보면 이러한 고민들이 고스란히 담겨 있습니다. 의사구조 형태의 변천사에 마을카페의 가능성과 한계가 잘 드러납니다. 카페 운영에 있어서 최종적인 의사결정을 내리는 주체는 운영위원장이 이끄는 운영위원회입니다. 운영위원회는 출자자 총회에서 위임받은 운영에 관한 모든 제반사항의 의사결정권을 행사합니다. 그렇다고 모든 사항을 일일이 결정하지는 않습니다. 매니저가 매일 매일의 운영에 관련된 의사결정을 진행합니다. 그리고 매니저는 운영위원이기도 합니다. 그러니까 운영위원회의 가장 큰 임무는 인사人事라고 할 수 있습니다. 카페와 마을을 잘 이해하면서 운영과 관련된 사항을 잘 진행할 수 있는 매니저와 스텝을 찾는 일이죠. 그런가 하면 매니저는 실무자 회의를 리드합니다.

이곳에는 10명이 넘는 실무자가 있습니다. 사실 카페의 규모를 생각해볼 때 과하다는 생각이 들 정도죠. 그런데 그 사연을 들어보니 역시 마을카페의 특성이 여기서도 드러나더군요. 실무자 모두 돈을 벌기 위해 '작은나무'에 들어온 것이 아니라 나름대로의 가치를 실현하기 위한 수단으로 '작은나무'를 생각하고 있었습니다. 그렇다보니 일하고 싶은 사람의 선한 의지를 운영상 어렵다는 이유로 꺾을 수가 없습니다. 그래서 10명 이상의 스텝이 각자의 사정에 맞는 시간에 와서 일을 합니다. 그중에는 마을주민들도 있고 다른 지역에서 오시는 분들도 있습니다. 모두 좋은 생각을 가지고 합류하셨기 때문에 다른 카페에서는 볼 수 없는 에너지가 흐르지만 관리 측면에서 보면 상당한 어려움이 있을 수밖에 없습니다. 돈이 아니라 명분을 위해 모인 사람들이기 때문에 어쩌면 더 어려울 수도 있습니다.

의사결정 구조가 간단치 않을 것이라는 생각이 들었습니다. 이 문제를 오랫동안 고민하신 운영위원장님을 만나 카페 의사결정 구조에 대해 이야기를 나눴습니다. 운영위원장님도 역시 마을주민이신데 카페가 처음 만들어진 시기부터 지금까지 '작은나무'를 함께 일으켜오신 분입니다.

**운영위원장님으로서 오래 고민하신 카페의 의사결정 구조가 궁금합니다.**

의사결정 구조도 '작은나무'의 성격에 맞춰서 많은 변화가 있었어요. '작은나무'가 어떻게 하면 잘 운영될 수 있을까에 초점을 맞춰 시스템은 항상 변화했던 것 같아요. 처음에는 운영위원회가 지금보다 위상이 강했어요. 운영위원회에서 '작은나무'의 실무적인 부분까지, 예를 들면 메뉴 선정과 같은 실무적인 판단까지 했었죠. 그러다보니까 실무자 그룹이 주체적인 주인의식을 가지기가 쉽지 않았어요. 그런데 '작은나무'가 그처럼 수동적인 실무자를 원하는 것은 아니었거든요. 좀더 주체적으로 카페라는 공간을 통해 가치를 실현하는 사람들이 함께하길 원했어요. 그리고 실무자들 역시 '작은나무'에서 일하려는 목적이 단순히 돈이 아니라 자기 나름대로의 가치를 실현하려는 시도거든요. 그래서 실무자의 역할이 더 커져야 한다는 공감대가 형성이 됐어요. 게다가 고객을 직접 만나는 사람들은 운영위원들이 아니라 실무자거든요. 그리고 회의를 하다보면 운영위원회는 아무래도 '작은나무'의 '당위성'을 앞세우기 마련이에요. '작은나무'가 돈을 벌기 위한 공간이 아닌 만큼 '어떻게' 운영돼야 하는가에 대해서 다소 추상적일 수 있는 논의가 많았던 게 사실이에요. 그러니까 실무자들이 느끼는 카페 운영상의 문제들은 잘 다뤄지지 않아 다소 괴리가 생길 수밖에 없었죠. 그래서 만들어진 것이 실무자회의예요. 매니저님을 중심으로 실무자끼리 소통할 수 있는 틀을 만든 거죠. 실무자회의에서 논의된 사항들이 매니저님을 통해 운영위원회에 전달되지요. 실무자회의와 운영위원회에서 논의되는 의제들을 분리했어요. 주로 시설, 메뉴, 설비 등 운영에 대해서는 실무자회의에서 결정해나가고, 운영위원회는 카페의 큰 틀을 잡는 쪽으로 나아갔죠.

초기에는 출자자 그룹을 대표하는 운영위원회가 주축이 되어 카페를 운영하다가 점점 실무자 중심으로 옮겨갔다는 말씀인데 당연한 수

순으로 보였습니다. 아무리 운영위원들이 관심을 갖고 최선을 다하더라도 경영적 의사결정을 한다는 것은 쉽지 않습니다. 비즈니스로서 지속 가능성을 담보하는 동시에 카페가 만들어진 취지를 축소하지 않고 확장해나가기 위해 매니저 중심의 실무자회의와 운영위원장 중심의 운영위원회, 투톱 체제로 의사결정 구조를 개편한 점이 인상적이었습니다. 그래도 모든 문제가 해결된 것은 아닙니다. 매니저의 역할과 업무 영역이 넓어지는 바람에 업무 강도가 너무 세지고 적절한 인물을 찾기가 어려워지기 시작했으니까요.

투톱 체제 하에서는 매니저님의 역할이 참 중요할 것 같은데요?

맞습니다. 정말 매니저의 역할이 중요해요. 할 일이 많아졌죠. 실무적인 의사결정도 해야 하지만 실무자회의와 운영위원회의 다리 역할도 맡아야 하고 카페의 전반적인 살림을 챙겨야 하는 멀티플레이어가 된 거죠. 그러다보니 매니저의 업무가 과한 측면도 있어요. 사실 이 역할을 완벽하게 소화할 수 있는 사람이 과연 있을까 하는 생각이 들 정도예요. 왜냐하면 매니저는 단순히 카페만 잘 운영해서는 안되거든요. 마을카페로서의 역할과 기대를 충분히 이해해야 하고 일상적인 운영도 해나가야 하니까 부담이 상당하죠. 그러다보니 더이상 매니저에게 어떤 경영개선을 요구하기도 어려운 상황이에요. 이런 다각적인 측면을 이해하고 실행할 수 있는 사람이 누가 있겠어요? 특히 마을을 이해해야 한다는 측면에서 매니저에게 요구되는 자질이 결코 만만치 않거든요. 이런 부분을 해소하기 위해서 매니저나 스텝들, 운영위원장, 운영위원의 역할과 위상에 대해서 매뉴얼화하는 작업을 시도해봤는데 잘 안됐어요. 사람에 따라서 생각하는 것이나 할 수 있는 부분들이 다르다보니까 누가 매니저가 되고 운영위원장이 되느냐에 따라서 할 수 있는 일들이 정말 달라지더라고요. 역할분담까지도 누가 그 자리에 있느냐에 따라서 달라질 수밖에 없어요. 일반 기업처럼 매뉴얼에 따라서 각자 맡은 일을 하면 문제가 없겠지만 이곳은 사람들이 만나서 함께 일을 하는 공간이다보니 크고 작은 일들이 계속 발생해요. 누군가에게는 소소하게 느껴지는 사건이 다른 사람에게는 크게 느껴질 수도 있거든요. 우리는 사람에 대한 배려가 가장 중요하잖아요. 그러니까 사건 사건마다 명확한 기준을 찾기 어려운 측면이 있어요. 게다가 우리는 마을사람들이잖아요. '작은나무'는 생활의 공간이고요. 그러니까 매니저, 스텝, 운영위원장, 운영위원 모두 이웃이거든요. 일로 만나는 관계가 아니라 함께 생활하는 사람들이다보니 업무상 책임과 권한이 무 자르듯 나눠지지 않아요. 누군가 최종적인 결정권자가 있어서 책임과 권한을 행사할 수 있는 구조가 아닌 것이죠. 그래서 중요한 문제들에 대해서는 참여주체들이 함께 모여서 소통하고 합의를 도출해내야 하죠. 뭘 하더라도 물어볼 사람도 많고 동의를 구해야 할 주체가 많으니까 한 템포 느릴 수밖에 없고요. 마을카페가 갖는 특성인 것 같아요. 마을카페로서 비즈니스와 마을의 가치가 상충되는 지점을 극복하려는 시도가 지금도 계속되고 있어요.

성미산에서 소셜카페의 본질이 무엇일까 다시 한번 생각해봅니다. 우리가 아무리 좋은 일을 하더라도 인간은 불완전한 존재라는 것을 인정해야 합니다. 그 인정의 대상은 상대방뿐 아니라 나 자신이기도 하죠. 그러니 소통이 정말 중요합니다.

카페바인을 운영하면서 어려운 부분이 바로 이 지점입니다. '작은나무'의 구성원은 같은 마을에 살고 다양한 이유로 만나게 됩니다. 소통의 조건이 좋은 편이죠. 그러니까 마을카페라고 할 수 있겠지요. 그런데 저희의 구성원이라 할 수 있는 투자자, 운영자, 스텝들은 만나기가 참 어렵습니다. 너무 바쁜 분들이에요. 그러니 거의 대부분의 경영적 결정들, 그리고 운동의 기획도 운영자 한 사람에게 몰리게 됩니다. 한 사람의 머리에서 나올 수 있는 아이디어는 아무래도 한계가 있습니다. 에너지도 고갈되고요. 카페 경영은 어쩌면 혼자 할 수도 있습니다. 그러나 카페라는 공간을 통해서 의미있는 사건들을 전개하고자 한다면 절대로 혼자 해서는 안됩니다. 여러 의견과 아이디어가 부딪

**뭘** 하더라도
물어볼 사람도 많고
동의를 구해야 할
주체가 많으니까
한 템포 느릴 수밖에 없고요.
마을카페가 갖는
특성인 것 같아요.

히고 검증되는 구조를 필히 갖추어야 합니다. 그럼 때로는 힘들어도 마찰의 에너지로 극복할 수 있습니다.

'작은나무'의 의사결정 구조를 보면 이런 의사소통의 전개가 뛰어납니다. 물론 그렇기 때문에 어려운 점도 있습니다. '주인'이 없어서 운영상 책임질 사람이 부족하다는 것, 그래서 경영의 역동성은 다소 떨어진다는 단점이 있지요. 어떻게 보면 비즈니스로서는 결정적인 문제가 될 수도 있습니다. 그러나 그것조차 공동의 아이디어로 극복해내려는 모습에서 희망을 찾습니다. 때로는 어려움에 봉착하고 심지어 실패의 쓴 잔을 마실 때도 있겠지만 마을로부터 또다른 에너지를 충전받아서 일어나고, 그 과정을 반복하다보면 문제를 해결하는 능력도 더 커지지 않을까요? 마을과 카페. 어쩌면 상충되는 두 개념이 머지않아 하나의 공간에서 완벽하게 어우러지는 완성된 모습을 볼 수 있지 않을까 기대합니다.

# 6장

행복한카페

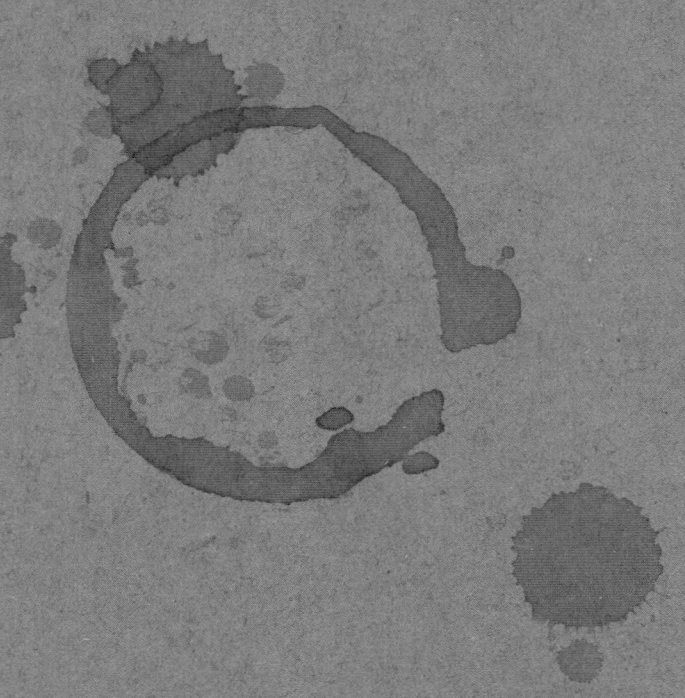

'행복한카페'는 여러 사람의 손길과 노력이
어우러져 만들어진 공간입니다.
단순히 한 개인이 창업한 카페가 아니라
한 청년의 꿈이 다른 사람의 꿈과 어우러져 이루어졌습니다.

'행복한카페'는
사람을 위한
공간이었습니다.

## 6장
# 행복한카페

**눈물에 식어버린 치킨, 그래도 맛있다**

다음 카페는 이야기로 시작해볼까요? 영화에서 보던 익숙한 장면 같은 이야기입니다.

"엄마! 치킨, 치킨, 사먹자… 치킨 좋은데, 맛있지, 아까 먹었는데 맛있어, 누나들이 좋다고 했어. 엄마도 아빠도 치킨 먹을래?"

정현이가 카페에 일하러 나간 지 대략 한달이 되었다.

"엄마! 엄마! 엄마!"

정현이는 무엇엔가 한껏 들뜬 것 같다. 뭐든지 꽂히면 정신을 못 차리는 아이다. 엄마는 정현이의 그런 적극성이 좋기도 하지만 때로는 마음을 크게 다치기도 해서 항상 걱정이다.

"아이고 우리 아들, 왜 이렇게 엄마를 크게 불러?"

엄마는 웃는 얼굴로 아들을 맞는다. 그러나 얼굴빛에는 늘 그렇듯 뭔지 모를 걱정이 서려 있다.

전에도 뭔가 특별한 아이라고 생각은 했지만 자신의 아이가 자폐일 것이라고는 꿈도 꾸지 못했다. 아니 인정하고 싶지 않았다. 그러나 아이가 자신만의 세계에 빠져 엄마 아빠와 대화도 나누지 못하는 시간들을 보낼 때, 엄마는 정현이의 장애를 받아들일 수 있느냐는 것보다 아이의 행복이 더 중요하다는 사실을 인정해야만 했다. 장애 자녀를 가진 부모의 마음을 누가 알 수 있을까. 그것도 자폐는 생활이 어려울 뿐 아니라 감정의 교감도 이루어지지 않는 가장 돌보기 힘든 장애 중 하나인데.

정현이는 자폐를 앓고 있다. 가장 중증은 아니고 기본적인 소통은 그래도 가능한 수준이다. 그렇다고 일반 학교에 가거나 사회생활을 할 수 있는 것은 아니다. 언제 어떻게 사고가 터질지 알 수 없다.

재작년엔가 영화 '말아톤'을 보고 주체할 수 없을 정도로 펑펑 운 기억이 다시 떠올랐다. 주인공인 초원이에게 받은 감동도 있지만 초원 엄마가 겪어야 하는 일상을 정현 엄마는 누구보다 공감했기 때문이다. 아니 초원 엄마가 바로 자신이었다. 초원 엄마가 그랬듯 정현 엄마도 정현이 돌보느라 둘째를 챙겨줄 마음의 여유가 없었다. 직장을 갖는 것도 힘들었다. 그야말로 늘 24시간 대기상태였다. 가장 어려운 점은 어디까지 돌봐줘야 할지 중심을 잡기 힘들다는 점이었다. 죽을 때까지 정현이를 돌봐줄 각오는 이미 했지만 그것이 정현이를 위한 최선인지는 확신이 없다. 정현이가 스스로 삶을 꾸려나갈 방법을 찾아야 하는데 약자에 대한 배려가 턱없이 부족한 이 사회에서 정현이의 미래는 불확실한 것투성이다. 정현이를 생각하며 이제껏 흘린 눈물이 얼마나 될까? 누구든지 일상적인 삶의 현장에서 느끼는 기쁨, 즐거움도 정현 엄마에게는 미안함으로 금세 사라져버린다. 누가 엄마 탓을 하는 것도 아닌데… 누가 나를 다그치는 것도 아닌데. 그러니까 엄마인 것이다.

"정현아 갑자기 치킨이 먹고 싶어? 아까 누나들하고 먹었다면서? 또 시켜줄까?"

"아니, 엄마가 전화해. 내가 돈 줄게."

아, 정현 엄마는 이제야 무슨 말인지 알아들었다. 한턱 쏘려는 거구나.

처음 정현이가 커피를 만든다고 할 때는 반신반의했다. 정현이의 교회선생님이었던 은주씨가 정현이에게 커피 내리는 일을 가르쳐보자고 했을 때 시도는 좋지만 혹시 정현이가 상처받지 않을까 하는 걱정부터 앞섰다. 물론 은주 선생님이 어려서부터 장애인들에게 각별한 분이라는 것은 알고 있었고 신뢰도 갔다. 그러나 현실은 냉혹하지 않은가. 정현이가 커피를 배우는 건 좋은데 그 다음에 뭔가 해보려고 하다 좌절할까봐, 세상으로부터 거부당할까봐…. 그런데 김은주 선생님이 진행한 프로그램에 참여하고 정현이의 태도가 많이 바뀐 것을 보고 엄마도 한번 도전해보기로 마음먹었다. 그렇게 정현이는 바리스타가 되었고 이제 한달이 지나 첫 월급을 받아온 것이다.

"아이고 우리 아들, 엄마 치킨 사준다고?"

"그래, 내가 쏜다."

순간 엄마의 얼굴이 달아오른다. 곧이어 주체할 수 없는 눈물이 쏟아지는데 도대체 분간이 가질 않는 눈물이다. 기쁨인지 슬픔인지. 정현 엄마의 마음을 사로잡은 말은 '내가!'였다. 정현이가 누구의 도움이 아닌 자신의 힘으로 뭔가를 해내고 있다, 누군가의 동정이 아닌 정당한 노동의 대가로 엄마 아빠에게 맛있는 걸 사주겠단다.

눈물이 멈추질 않는다. 겨우 울음을 참고 화장실에서 눈물을 닦고 나온다. 정현이는 눈물로 얼룩진 엄마를 멀뚱멀뚱 쳐다보기만 한다.

"정현아, 엄마한테 치킨 사주고 싶었어?"

정현이는 대답도 않고 커피 만드는 시늉만 한다. 제 딴에는 연습하는 것이다. 한달 내내 어디에 있든지 커피 만드는 연습뿐이다.

"정말 시켜도 돼? 그럼 엄마가 전화한다? 정현이가 아저씨한테 치킨값 주는 거야."

정현이는 계속 커피 내리는 연습에 열중한다. 엄마는 떨리는 손으로 치킨집 전화번호를 누른다. 또 눈물이 난다. 20년간 쌓여온 괴로움이, 그 무거운 삶의 짐이 어깨에서 풀려나는 기분이다. 정현이가 모든

정현이는 계속
커피 내리는 연습에
열중한다.
엄마는 떨리는 손으로
치킨집 전화번호를
누른다.

것을 할 수는 없겠지만 사회의 일원으로서, 자신의 역할을 감당하면서, 다른 사람들과 함께 살아갈 수 있겠다는 희망. 그것은 다름 아닌 '삶'이었다. 이제는 '살아갈' 수 있을 것 같았다.

정현이는 초인종 소리를 듣고 막 달려나오더니 자기 지갑에서 만원을 꺼내 청년에게 건넨다.

"감사합니다. 여기 거스름돈 천원입니다."

"고맙습니다. 천원 맞습니다."

정현이가 배달 온 청년에게 꾸뻑 인사를 한다. 말 그대로 90도 인사다. 카페에서 얼마나 인사를 자주 하는지 버릇이 됐나보다. 엄마는 치킨을 테이블 위에 올려놓고 한참을 바라보기만 한다. 또 눈물이 흐른다. '저 치킨을 먹을 수 있을까?' 엄마는 정현이를 바라보며 감사의 기도부터 드린다.

아차, 감사할 사람이 또 있다. 김은주 선생님. 급할 때는 꼭 휴대전화가 사라진다. 정현이는 왜 치킨을 먹지 않는지 궁금해하는 눈치다. 먼저 김선생님께 감사를 드리고 먹어야 할 것 같다. 겨우 전화기를 찾아 김은주 선생님에게 전화를 한다.

"선생님, 감사합니다. 우리 애가 첫 월급 받았다고 치킨을 사줬어요."

"어머 어머니, 저희가 감사드리죠. 정현이가 정말 너무 잘해요. 오늘 월급 받더니 우리에게도 치킨을 사줬어요."

엄마는 또 운다. 참아보려 했지만 어쩔 수 없다.

"감사해요. 정말 감사합니다…."

말을 이을 수 없도록 또다시 쏟아지는 눈물.

"아니에요. 어머니 저희가 감사해요."

김은주 선생님도 함께 우는 듯하다. 엄마의 눈물을 김선생님은 충분히 이해하시겠지. 두 사람은 한참을 같이 운 뒤 마음을 겨우 진정시키고 대화를 나눴다. 김선생님에 의하면 정현이가 월급을 받고 나서 얼마나 기뻐했는지, 봉투를 들고 카페를 이리저리 뛰어다니며 우리 멤버들에게도 자랑을 했다고, 그 모습에 우리 스텝들이 더 감동받고 힘을 얻었다고.

통화를 마치고 나니 정현이가 물끄러미 쳐다본다.

"엄마, 치킨 다 식었다."

아차, 김선생님과 통화를 하다가 시간이 너무 지나버렸다.

"괜찮아, 엄마는 식은 치킨도 좋아해."

정말 그랬다. 기쁨의 눈물에 식은 치킨은 그래도 맛있다.

위 이야기에 등장하는 인물들은 실존하는 인물은 아닙니다. 독자의 이해를 돕기 위해 지어낸 이야기죠. 그러나 완전히 소설 같은 이야기도 아닙니다. 여기 안산의 '행복한카페'에서는, 감성적인 부분은 제외하고, 늘 있는 일이에요.

안산 시내에서 조금 떨어진 골목에 '행복한카페'가 보입니다. 지금까지 소개해드린 카페들보다 훨씬 작은 카페죠. 그러나 참 특별한 카페입니다. '우리가꿈꾸는동네'나 '신길동그가게'는 기획력이나 사업적 능력이 매우 뛰어난, 어떻게 보면 따라하기 힘든 카페입니다. 그런가 하면 성미산 '작은나무'도 개인이나 작은 공동체가 따라할 수 없는 구조입니다. 마을이 먼저 생겨났고 마을의 필요에 의해 카페가 만들어졌으니까요. 많은 사람들이 마을을 만들기 위해 카페를 세우려고 하지만 '작은나무'를 보면 마을이 먼저고 카페가 다음이 아닐까, 라는 생각이 들죠. 앞서 소개해드린 카페들은 하나같이 특별하고 따라하기 힘듭니다. 그러나 이곳 안산 '행복한카페'에는 평범함이 깃들어 있습니다. '이 정도는 나도 할 수 있을 것 같은데'라는 생각을 갖게 하죠. 그러나 그 평범함 속에는 범접하기 힘든 스토리가 담겨 있습니다. 그리고 이 특별한 이야기의 중심에는 진은아라는 한 청년이 있습니다. 진은아 대표의 꿈이 온 동네에 전이되어 지금은 마을공동체를 만들어 가고 있습니다. 자, 이제부터 '행복한카페'로 안내해드리겠습니다.

### 진은아 대표를 만나다

진은아 대표를 만난 건 대략 1년 전이었습니다. 장애인과 함께 운영하는 카페를 성공적으로 오픈했다는 소개를 받고 제가 먼저 만나고 싶다고 연락했죠. 카페가 궁금하기도 해서 안산으로 가겠다고 했더니 굳이 홍대에서 봐야겠다고 합니다. 안산에 와도 보여줄 게 없다고 오히려 자신들이 더 배워야 하니 홍대로 와야겠다고요. 제 입장에서는 뭔가 얻으려고 연락을 한 건데 홍대를 고집하니 어쩔 수 없이 카페바인에서 만나기로 했습니다.

첫인상은 부드러웠습니다. 아니 제가 알고 지내는 20대 젊은이들과 다름없었죠. 오히려 뭔가 약간 자신없는 듯한 느낌? 대화를 하면서 제가 뭔가를 듣고 깨달아야 하는 자리인데 진은아 대표가 저보다 더 많은 질문을 준비해왔더군요. 커피에 대한 이야기부터 카페 마케팅, 운영, 심지어 주식회사의 개념까지, 마치 저에게 컨설팅을 받으러 온 것 같았습니다. 그래서 배우고자 연락했던 제가 카페바인 이야기를 비롯해서 기업 경영에 대한 이야기까지 장황하게 늘어놨습니다. 진대표는 안산의 '행복한카페'는 오픈한 지 얼마 되지 않았고 자신을 비롯해 함께 창업한 이들도 경영에 대해서는 부족한 것이 많으니 카페바인의 도움을 더 받고 싶다고 했습니다. 일단 그렇게 처음 만났죠. 그 후로도 가끔 연락을 했는데 그때마다 아주 겸손한 표현들로 적자는 아니지만 더 발전해야 한다고 그러더군요. 적자 안 나는 카페가 얼마나 대단한 건지 아는 사람만 압니다. 오히려 제가 카페 경영에 대해 이런 저런 이야기를 했다는 게 더 우스운 꼴이지 뭐예요. 누가 누구를 훈수하는 건지요, 참.

진은아 대표를 인터뷰하기 위해 거의 1년 만에 다시 전화를 했습니다. 반갑게 인사를 하고 안산 '행복한카페'에서 만나기로 했죠. 그런데 1년 만에 안산에서 만난 진은아 대표는 전에 홍대 앞에서 만났던 그 청년이 아니었습니다. 뭔가 자신없어 보였던 사람이 아니었어요. 카페 운영자로서의 포스가 느껴진다고 할까요. 그간 많은 발전을 했구나 하는 생각을 했습니다. 인터뷰를 하는 내내 그 자신감은 더해갔습니다. 좋았던 것은 진은아 대표가 자신감에 충만했지만 그것이 전혀 자만으로 비춰지지 않았다는 점이었습니다. 시종일관 겸손했고 배우려는 자세로 충만했습니다. 그러면서도 자신이 무엇을 하고 있는지, 또 무엇을 원하고 있는지, 어떻게 해야 원하는 것을 이룰 수 있는지를 알고 있는 듯했습니다. 이제부터 진은아 대표와 나눈 '행복한카페'의 이야기를 들려드리겠습니다.

### 꿈은 하루아침에 만들어지지 않는다

진은아 대표의 어릴 적 꿈은 무엇이었을까요? 일단 커피집 운영자는 아니었습니다. 사실 어릴 적 꿈이 카페 사장인 사람이 얼마나 되겠어요?^^ 단지 돈을 많이 벌고 싶다는 생각은 했답니다. 부유한 가정형편은 아니었거든요. 일곱살 때 부모님이 이혼을 하셨는데 엄마와 함께 살면서 경제적으로 상당히 어려웠다고 합니다. 사실 경제적 어려움이야 많은 사람들이 겪지만 그 어린 나이에 가정이 무너지는 걸 경험했으니 얼마나 큰 상처였을까요. 인터뷰하는 입장에서 그런 어려움에 대해 더 듣고 싶었지만 진은아 대표의 눈빛에서 아직도 흐르는 슬픔을 보았습니다. 그래서 더이상 묻지는 못했습니다. 엄마와 함께 살면서 스스로 삶을 책임져야겠다는 생각을 많이 했답니다. 돈을 벌려면 일단 중국을 알아야겠다는 생각에 중학생 때 중국어를 배웠다고 합니다.

그런데 대학 전공이 돈을 버는 길과는 조금 관련이 멀었습니다. 사회복지학과였거든요. 대학을 졸업하고 들어간 첫 직장도 시에서 운영하는 복지관이었고요. 그렇다고 남들 대학 전공 선택하는 것처럼 점수 따라 간 것도 아니었습니다. 장애인 복지에 뜻을 두고 스스로 선택한 결정이었습니다. 돈을 벌어야겠다는 평소의 생각과는 다른 진로였죠. 왜 그랬을까요?

경제적 어려움과 부모님에 대한 원망으로 가득 찼던 초등학생 시절이 지나 중학생이 되었을 때였습니다. 엄마는 이제 중학생이 되었으니 남을 돕는 사람이 돼야 하지 않겠냐며 교회에서 주관하는 장애인 캠프의 스텝으로 다녀오라고 했습니다. 중학생 진은아는 처음엔 싫다고 했습니다. 평소 같으면 딸이 원치 않는 일에 그다지 부담을 주지 않던 엄마가 이번 일에는 적극적이었습니다. 몇번 싫다고 말했는데도 계속 말씀하시기에 어쩔 수 없는 마음으로 참여했습니다. 그런데 바로 그 캠프가 진은아의 삶을 송두리째 흔들어놓았습니다. 캠프에서 만났던 장애인 친구들은 진은아라는 사람이 어떤 배경을 가졌는지 전혀 관심이 없었습니다. 어떤 옷을 입고 있는지, 부모가 누구인지, 얼굴이 예쁜지 그렇지 않은지. 그런 것은 대화거리도 되지 못했습니다. 그들에게 중요한 것은 오로지 인간 진은아였습니다. 장애인 친구들은 진실된 마음으로 다가오는 모든 이에게 진실로 답했습니다.

진은아 대표는 그 캠프에서 마음의 상처들이 치유되었다고 고백했습니다. 자신을 재단하고 판단하던 세상으로부터 자유를 느꼈다고 합니다. 장애인 친구들을 도와주러 갔는데 오히려 도움을 받고 왔답니다. 그때부터 장애인에 대한 진대표의 꿈은 시작되었습니다. 아니 꿈이 시작되었다기보다는 어떻게 살아야 할지를 깨달았습니다. 자신을 아무런 편견 없이 받아들여준 장애인 친구들에게 보답하고 싶은 마음이 진은아 대표를 사로잡았습니다. 그 이후로 계속 장애인 봉사에 참여했고 자연스레 대학 전공까지 사회복지학과로 선택한 것이죠.

대학생활은 알바의 연속이자 고된 생활의 현장이었습니다. 마음의 병이 치유됐다고 경제적 곤란이 사라진 것은 아니었으니까요. 대학교에 입학하자마자 곧바로 아르바이트를 시작했는데 편의점을 비롯해 백화점, 식당, 카페, 가전제품 매장, 등산복 매장 등등 종류도 다양하게 일을 했습니다. 특히 등산복 판매직을 할 때는 인센티브 제도가 있었는데 자신이 판매한 만큼 더 급여를 받는 시스템이 상당히 재미있었다고 합니다. 여러 아르바이트를 하면서 자신이 서비스업에 잘 맞는다는 사실을 알았답니다. 심지어 중고시장에서 좋은 물품을 구해

온라인 중고시장에 중개하는 일까지 했다고 하니 이 정도면 사업을 하기 위한 수업을 충실히 쌓은 셈이지요.

### 문제의식에서 시작하다

대학을 졸업하고 시에서 주관하는 복지관에서 정신지체 장애인들의 복지수요를 조사하고 기획하는 일을 시작했습니다. 열심히 일은 했지만 드는 생각은 과연 '나의 수고가 장애인의 삶을 실질적으로 향상시키고 있는가' 하는 의문이었습니다. 이제부터 진대표님의 본격적인 이야기가 펼쳐집니다.

그럼, 진대표님의 문제의식은 어디서부터 시작된 건가요?

장애인들에게 복지 서비스를 제공하는 업무를 했잖아요. 그런데 그 서비스가 실제적이지 못하고 일회성인 게 많아요. 국가가 장애인에게 제공하는 복지라는 게 삶을 책임지지는 못하더라고요. 그냥 프로그램일 뿐이죠. 그런 부분에서 회의가 많이 들었어요. 중요한 건 삶이라고 생각했거든요. 그런데 나는 서비스를 제공할 뿐이지 삶을 책임지는 것은 아니었어요. 게다가 관료제다보니까 해야 할 일들은 주어져 있고 제가 무얼 창의적으로 한다고

**우리** 장애인
친구들이야말로
느리고 더디지만 진실을 전달하고
세상을 따뜻하게
만들 수 있는 사람들이
아닐까 하는 생각이
들었어요.

해서 새로운 일이 만들어지는 것도 아니었거든요.

사실 이런 문제의식은 단번에 생기는 것이 아닙니다. 중학생 때부터 장애인들과 함께 삶을 공유하면서 느낀 것이기 때문에 일회적이거나 일하기 싫어서 대는 핑계가 아니죠. 어려서부터 어려운 가정형편에서 비정한 세상물정을 일찍 깨달았던 진은아 대표에게 장애인 친구들은 삶의 문제를 해결해주는 멘토이자 친구였습니다. 그만큼 진대표는 그들을 선입견 없이 바라볼 수 있었고 장애인 친구들이 가진 가능성도 볼 수 있었던 것이지요.

진대표님은 비전에 일찍 눈을 뜬 흔치 않은 젊은이네요?

세상은 각박하고 이기적으로 변해가잖아요. 그런 세상에서 우리 장애인 친구들이야말로 느리고 더디지만 진실을 전달하고 세상을 따뜻하게 만들 수 있는 사람들이 아닐까 하는 생각이 들었어요.

진은아 대표가 복지관을 나오게 된 건 두 가지 이유에서였답니다. 첫번째로 장애인 친구들이 사회에서 맡은 일을 해낼 수 있다는 가능성을 확인했기 때문이죠. 그런가 하면 또다른 이유는 중학생 때부터 목격해왔던 장애인 친구들이 일상적으로 겪는 좌절 때문이었습니다.

### 장애인과 비장애인이 말하는 좌절은 같은 단어라 할 수가 없겠지요?

그렇죠. 나는 장애가 없기 때문에 많은 꿈을 선택할 수 있잖아요. 나의 꿈을 설계하는 데 큰 어려움이 없죠. 물론 돈이 더 많거나 부유한 가정에서 태어났다면 더 큰 꿈을 꿀 수도 있었겠죠. 그러나 그건 열정과 진취적인 마음으로 어느 정도는 극복할 수 있잖아요? 그런데 장애인 친구들은 장애를 가졌다는 이유 하나만으로 모든 꿈과 직업의 기회를 박탈당해요. 그 친구들에게는 아무도 '너의 꿈이 뭐니?'라고 묻지 않아요. 특히 일부 지적장애인들은 자신의 장애를 설명할 수가 없거든요. 자신의 욕구나 필요를 말이나 행동으로 표현할 수 없으니까 아무리 복지를 잘한다 해도 그들에게는 너무나도 부족하죠. 한국사회에서는 장애인에 대한 편견도 대단하잖아요? 그나마 지체장애인은 자신의 권리를 위해 시위나 투쟁이라도 할 수 있는데 지적장애인들은 대리인이 없으면 그들의 욕구를 표현할 수가 없거든요. 게다가 지적장애를 가진 친구들의 부모님들은 전문직을 갖기가 힘들어요. 항상 누군가 함께 있어야 하기 때문에 맞벌이를 할 수도 없고요. 생계 자체가 불안한 경우가 많아요. 그러니 부모님들도 지적장애를 앓는 자녀들의 꿈까지 신경쓰면서 살아갈 여유가 없는 거죠. 어렸을 때는 복지관이나, 잘 풀린 경우에는 장애인학교에 다닐 수만 있어도 감사하는 수준이에요. 아이가 아침에 갔다가 저녁에 돌아올 곳이 있으면 행복한 거죠. 지적장애인들도 잘할 수 있는 일들이 있고, 또 하고 싶은 일도 많은데 그런 꿈을 실현시켜주는 곳은 어딜 찾아봐도 없더라고요.

이 대목에서 진은아 대표는 가장 열변을 토했습니다. 눈에서 광선이 나오는 듯했죠. 그런 강력한 문제의식이 안정적인 직장생활을 접고 새로운 도전에 나서게 한 근거가 됐습니다. 장애인 복지시스템이 주로 '의식주' 해결에 맞춰져 있다면 진은아 대표는 그보다 더 근본적으로 '꿈'을 실현하는 구조를 만들고 싶었던 거죠. 꿈이 실현되면 의식주는 저절로 따라올 것이기 때문입니다. 장애인들에게 직업을 만들어주고 또 직업교육을 시키는 시스템을 생각하다가 결국에는 카페까지 창업하게 된 것이죠.

이런 문제의식에서 시작한 사업의 강점은 무엇보다도 사업상 어려운 일이 닥칠 때 위기를 헤쳐나가는 강력한 구심력이 된다는 점입니다. 단순히 먹고살기 위한 것이 아니라 꿈을 실현하는 사람들에 대한 책임감이 있기 때문에 문제해결에 더 적극적으로 나서는 것이죠. 그리고 이 문제의식을 사람들이 공감했기 때문에 수많은 도움의 손길도 얻는 거구요.

사람들의 공감을 얻을 수 있었던 또하나의 요인은 문제의식의 구체성입니다. '행복한카페'는 카페를 통해 어떤 문제를 해결하고자 했는지가 명확했죠. 그래야 고객에게도 메시지가 구체적으로 전달되고 그만큼 감동의 문은 더 크게 열립니다. 문제의식의 구체성은 문제의식 자체만큼이나 중요합니다.

지금 생각하니 카페바인의 경우 소통의 공간이 되겠다는 목표는 있었지만 뭔가 손에 잡히지 않았습니다. 문제의식이 구체적이지 않았기 때문에 서비스나 공간이 고객에게 제대로 전달되지 못한 거죠. 고객이 들어왔을 때 공간과 서비스를 통해 이 카페가 무엇을 위해 만들어졌는지 단번에 느끼지 못한다면 일일이 말로 설명해야 하고 그만큼 감동은 사라집니다. '행복한카페'의 문제의식이 구체적이었다는 것은 고객에게 주는 메시지가 그만큼 명확했다는 뜻입니다. 공간으로 해석된 이야기는 입으로 전달되는 것보다 더 강력한 힘을 갖습니다. 공간이 이야기를 하게 하려면 그만큼 구체적인 목적의식이 있어야 합니다. '행복한카페'는 진은아 대표의 삶을 통해 전달하고자 하는 이야기의 구체성을 확보한 것이죠.

### 꿈은 전이되어 이루어진다

진은아 대표와 함께 카페를 처음 시작한 멤버들은 두 명입니다. 진은아 대표의 후배들이죠. 한 명은 고등학교 후배였고 한 명은 대학교 후배입니다. 대학에서 함께 수업을 들으며 여러 이야기를 나누던 중

진대표는 후배가 특수교육에 관심이 있다는 것을 알게 됐답니다. 서로의 꿈에 장애인이라는 공통분모를 발견한 것이죠. 또한 진은아 대표가 가진 장애인에 대한 독특한 관점, 장애인이 어두운 사회의 문제점들을 해결할 수 있는 키를 가지고 있다는 관점이 후배의 마음을 사로잡았습니다. 강의실에서 장애인들을 만나는 것보다 더 본질적으로 장애인을 도울 수 있다는 사실에 대학 후배는 새로운 가능성을 발견한 거죠. 한편 또다른 파트너인 고등학교 후배는 가족 중 동생이 장애를 가지고 있었습니다. 그래서 장애에 대한 이해가 깊었고 장애인들을 위해 함께 일하자는 진대표의 비전에 공감할 수 있었습니다. 이들이 함께 모여 꿈을 꾸기 시작한 시점은 대학을 들어간 직후였습니다. 그로부터 6년 후에 비로소 카페를 창업했습니다. 그동안에 네 사람이 새로 합류해서 지금은 무려 일곱 명이 함께 일을 하고 있습니다.

일곱 분이 함께 일한다는 건 쉽지 않은 일 같은데요?

저는 항상 사랑하는 사람들과 사랑하는 일을 하고 싶었어요. 사랑하는 일은 장애인 친구들을 돕는 일이고요. 사랑하는 사람들은 저와 함께 이 일을 시작한 친구들이었어요. 저는 신앙인인데 제가 신앙으로 인도했던 친구들이거든요. 단순히 교회를 같이 다닌 친구들이 아니라 모든 일을 같이 한 친구들이죠. 어려울 때 끝어주고 즐거움도 나누고요. 희로애락을 공유했던 사이들이죠. 예수님도 열두 제자와 함께 삶을 사셨잖아요? 저는 그게 인상 깊었어요. 제자들을 일요일에만 가르친 것이 아니라 그들과 함께 살면서 모든 희로애락을 나눴던 예수님의 모습을 보며 나도 그렇게 살고 싶다는 생각을 했어요. 일주일에 한번 만나서 삶을 이야기하는 것이 아니라 함께 부딪히는 관계가 되고 싶었어요. 직장을 다녀보면 모르는 사람들끼리 만나서 서로의 진심이 무엇인지도 잘 모르고 일하잖아요. 그러면서 서로 어떤 생각을 하는지 알아가는 과정도 쉽지 않고요. 그런데 저희는 이미 서로에 대해 잘 알거든요. 서로의 장단점이 무엇인지도 알고요. 같이 일을 하면 모르는 사람끼리 모인 것보다 더 잘할 자신이 있었어요. 관계에 이미 기본 바탕이 있으니 오해할 단계를 지난 거죠. 물론 함께 일하는 게 어렵긴 해요. 예전에는 언니 언니 했는데 언제부턴가 서로 호칭을 명확하게 붙이기 시작했어요. 서로 존댓말을 쓰고요. 일할 때만큼은 공식적인 언어를 써요. 어쩔 때는 저도 살벌하게 분위기를 잡기도 하죠. 그런데 그런 것도 워낙 관계에 바탕이 있다보니까 제 마음이 무엇인지, 서로 어떤 마음인지 알고 또 서로 믿는 거죠.

이 청년 대단하다는 생각이 들었습니다. 키워드는 '믿음'입니다. 카페에서 흔히 보는 주인과 알바, 혹은 매니저와 직원 사이가 아닌 동반자 일곱이 함께 이 공간을 만들어가고 있었습니다. 어떻게 그럴 수 있을까? 그래서 물었습니다.

진대표님 인간적인 매력이 참 깊은가봐요. 일곱 명의 친구가 어떻게 대표님과의 관계 때문에 같은 일을 하고 있나요?

관계라기보다는 각자의 비전이 통했기 때문이겠죠. 단순히 저와의 관계 때문에 일을 하는 것은 아니라고 생각해요. 비전이 맞는 사람끼리 저를 매개로 모인 거죠.

애초에 비전 때문에 만난 사이는 아니잖아요?

그건 그렇죠. 원래는 친한 후배들인데 이야기를 나누다보니까 비전을 공유하게 된 거죠. 저의 비전이 친구들에게 전이되었다고 해야 할까요?

꿈이 전이되어 자라나는 과정 또한 스펙터클합니다. 대학 입학하고 처음 나눴던 비전, 그러나 그때는 명확하지 않았고 손에 잡히지도 않았죠. 서로 살아가는 데 바빴을 테고요. 진대표는 각종 알바로 여러 경험을 쌓았고 첫 멤버 중 한분은 카페에 들어가 5년간 바리스타로 일하게 됩니다. 나머지 한분은 전공을 사회복지로 바꿔 대학원에 진학을 하고요. 뭔가 뚜렷하지 않은 비전이었지만 서로에 대한 믿음과 진은아 대표가 가졌던 관점에 대한 믿음, 장애인이 사회에 기여할 수 있다는 확신이 수년이 지나도록 이 세 사람을 붙잡았습니다. 후에 진은아 대표가 복지관을 퇴사하고 다시 모였을 때는 서로의 분야에서 쌓은 전문성이 더해져 비전의 크기도, 모양도 더 커지고 뚜렷해졌습니다.

사업을 시작하기로 하고 찾았던 곳은 '희망제작소'였습니다. 처음부터 카페를 생각한 것은 아니었습니다. 우선 사업의 목적이 분명했죠. 장애인들에게 어떻게 삶을 제공할 것이냐가 먼저였습니다. 사업 아이템은 그 목적에 가장 충실해야 했습니다. 고민하는 과정에서 사회적기업이라는 방식을 알게 되었고 그래서 희망제작소를 찾아간 것이었습니다. 희망제작소의 창업 인큐베이팅 컨설팅 그룹 '소기업발전소'의 도움을 받아 아이템을 커피로 정했습니다. 진은아 대표와 함께 일을 시작한 동료들이 가장 잘할 수 있는 분야, 그리고 장애인 고용이라는 목적이 가장 잘 어우러진 아이템이 바로 카페였습니다. 그렇게 결정하고는 곧바로 창업 준비에 들어갔습니다.


### 창업 과정에 도움을 주신 분들이 많으셨을 텐데요?

창업을 결정하고 저희가 가지고 있던 전재산을 털었더니 턱없

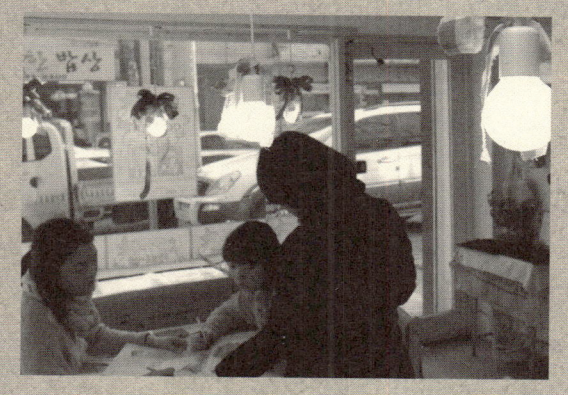

**원래는** 친한 후배들인데 이야기를 나누다보니까 비전을 공유하게 된 거죠. 저의 비전이 친구들에게 전이되었다고 해야 할까요?

이 부족하더라고요. 여러 분들의 소개로 지역사회의 후원자들을 만나서 부족분을 채웠어요. 후원자는 소개에 소개가 이어져 만나게 되었어요. 직접 후원을 해주지 못하셔도 다른 분들을 소개해주셨죠. 크고 작게 도와주신 분들이 정말 많아요. 그렇게 대략 3천만원이 모였어요. 꼭 자금이 아니더라도 '행남자기'에서 커피잔 세트, '문학동네' 출판사에서 책 800권을 후원해주시기도 했어요. 가장 소중했던 것은 소소한 인테리어 소품들을 지역주민들이 많이 가져다주신 것하고요, 페인트칠을 해준 많은 대학생들이에요. 그분들이 저희 카페가 초기에 자리를 잡는 데 결정적인 역할을 해주셨죠.

오랜 시간 준비된 꿈은 전혀 알지 못했던 사람들까지도 움직입니다. 진대표와 '행복한카페'가 제시했던 비전이 지역주민과 후원자들의 마음을 움직였고 기업들의 참여까지 이끌어냈습니다. 그런가 하면 커피의 대가 전광수씨와 공정무역커피의 선구자 역할을 했던 박우현 선생도 이 프로젝트에 일조했습니다. 그분들은 어떻게 알게 되었느냐는 질문에 그냥 무작정 쫓아다녔답니다.

말은 그렇게 하지만 진대표는 후원자들과 전문가들의 도움을 받기 위해 피땀어린 노력을 했습니다. 교육청에서 공모한 프로젝트에 '장애인 바리스타 교육 프로그램'을 제안했고 그 공모안이 받아들여져 한달 동안 교육 프로그램을 진행했습니다. 교육을 마치고는 일일카페를 크게 열었는데 장학사를 비롯해 초청할 수 있는 사람에게는 다 초청장을 만들어서 보냈다고 합니다. 그때 와주신 지역주민들께 장애인 친구들이 내려준 커피를 선보이며 '행복한카페'가 그리는 비전이 무엇인지 보여줄 수 있었다고 합니다. 그 행사를 통해 공감대가 형성되었고 장애인에게 다양한 직업을 제공할 필요가 있다는 사실을 알릴 수 있었습니다. 이렇게 '행복한카페'는 여러 사람의 손길과 노력이 어우러져 만들어진 공간입니다. 단순히 한 개인이 창업한 카페가 아니라 한 청년의 꿈이 다른 사람의 꿈과 어우러져 이루어졌습니다.

서두에도 말씀드렸지만 카페바인은 턱없이 짧은 창업과정을 거쳤습니다. 물론 그 일은 '커피밀'이라는 건강한 공정무역 커피 프랜차이즈 덕분에 가능했습니다. 그러나 창업의 주체가 되는 투자자들은 거의 준비가 되지 않은 상태였습니다. 말하자면 투자자들이 운영자에게 거는 기대와 실제로 운영자가 책임질 수 있는 역량이 달랐던 것이죠. 프랜차이즈를 운영해야 하는 커피밀로서는 홍대점 하나를 위해 배분할 수 있었던 역량이 정해져 있었던 반면 투자자들은 모든 것을 운영자에게 맡기는 상황이었습니다. 생각해보면 카페를 애초에 만들고자 했던 철학은 투자자가 설계했고 운영은 전문경영인에게 맡긴 셈인데 거기서 오는 간극을 생각하지 못했던 것이 실패의 주요 원인이었습니다.

실제로 투자자들은 너무 바빴습니다. 카페에 올 시간도 없었죠. 저도 당시에는 금융업에 종사하고 있을 때라 일주일에 한두 번 방문하는 정도였습니다. 다른 투자자들은 저보다 더 바빴고요. 투자자 구성을 보면 금융업에 종사했던 저를 비롯해, 변호사, 경영 컨설턴트, 법무사, 운동가 등으로 이루어져 있었습니다. 한마디로 다들 바쁜 사람들이었죠. 게다가 시민운동에 적극적으로 참여하는 분들이었기 때문에 어디 이사, 운영위원, 실행위원 등 직함을 최소한 두셋은 가진 분들이었습니다. 저만 해도 당시 세 단체의 운영위원과 실행위원을 맡고 있었으니 카페에 투여할 수 있는 물질적·심적·시간적 여유가 그리 많지 않았죠. 카페를 만든 것도 오랜 시간 시민운동에 참여하면서 느꼈던 필요에 의해서긴 했지만 구체성이 떨어졌고 무엇보다 공간에 대한 철학적 고민이 부족했습니다.

또 한가지 카페바인과 '행복한카페'는 (사실 이것이 가장 본질적인 문제였는데) 카페를 통해 만나고자 했던 대상이 달랐습니다. '행복한카페'는 사람을 위한 공간이었습니다. 우선 장애인 노동자의 일터이고 장애인과 비장애인이 만나는 장소였습니다. 인격과 인격이 부딪히는 곳이죠. 반면 저희는 시민운동의 연장선상에 있었습니다. 물론 시민운동도 넓은 의미에서 사람을 위해 일합니다. 그러나 그것은 일종의 개념화된 사유적 인간이죠. 말이 좀 어렵죠? (저희들은 항상 그게 문제죠. 알아들을 말을 해야 하는데^^) 무슨 말인고 하니, '한' 사람, '한' 인격보다는 '대중' '민중'에 더 초점이 맞추어져 있었습니다. 그러니까 카페바인이라는 공간으로 '사회'를 초청한 것이죠. 그런데 정작 찾아온 손님은 '개인'이었습니다. 그러니 카페도 준비가 되지 않았고 찾아온 개인도 재미가 없었을 테죠. 카페는 대중적 언어를 사용했고 손님은 개인의 언어를 사용했으니 말이 통할 리가 없습니다. 소통하고자 했지만 언어가 달랐습니다. 뒤늦게야 이 부분을 고치려고 노력하고 있습니다. 가령 저희는 제주의 평화를 외쳤지만 정작 고객이 원하는 것은 강정에 사는 사람의 이야기였습니다. 평화롭지 못해 괴로운 '사람', 타인의 평화를 위해 자신의 평화를 기꺼이 내던진 '사람'의 이야기 등 말이죠. 지금은 저희도 그런 이야기들을 찾아내는 데 많은 노력을 기울이고 있습니다.

### 커피는 마케팅이 아니라 관계다

이들은 왜 카페를 선택했을까요? 사업을 하기로 한 목적, 장애인에게 '삶'을 제공하겠다는 목표와 커피의 관계는 무엇이었을까 궁금했습니다.

*장애인들의 삶과 커피는 도대체 무슨 상관이 있는 걸까요?*

원래 저도 커피를 좋아했고 커피빈에서 2년 정도 알바를 했어요. 그러니 커피 만드는 공정에 대해서도 잘 알고 있었죠. 장애를 가진 친구들에게 적합한 직업을 생각하다보니까 커피가 가장 좋겠더라고요. 아무래도 소통 가능한 직업이 서비스직이잖아요. 커피는, 즉 커피를 파는 것은 단순업무가 아니라 세상과 소통하는 매개잖아요. 그래서 세상에 장애인 친구들을 보여줄 수 있고 이 친구들이 세상과 소통할 수 있는 공간으로 카페를 만들게 됐죠. 저는 커피가 관계라고 생각해요. 카페에 혼자 갈 때조차 제 자신과의 관계를 위해 가거든요. 커피를 통해서 사람들은 더 깊은 관계를 맺게 돼요. 장애인 친구들에게 가장 주고 싶은 선물이 바로 그 관계였거든요. 세상과의 관계요.

진은아 대표는 커피의 속성을 정말 잘 알고 있었습니다. 처음부터 함께 꿈을 공유했던 후배도 커피 분야에서 경력을 쌓았으니 운영팀이 커피를 정말 잘 이해했던 것입니다. 그런가 하면 지적장애에 대한 이해도 깊었습니다.

장애인들에게 일이란 무엇인가요? 전문가로서 설명해주신다면요?

장애 관련 학술논문에도 많이 보고가 되지만 자폐증 환자가 지역사회의 일환으로서 어떤 역할을 감당하면 치료효과가 배가 돼요. 사람들과 함께 일하는 현장에서 자폐가 개선되는 사례가 해외에서는 실제로 많고요. 단순조립을 하면 자폐장애인들은 퇴행을 빨리 겪게 돼요. 하루 종일 생각이나 대화도 없이 단순업무만 하면 시간이 지날수록 스스로를 고립시키는 경향이 더 심화되죠. 저희 카페에서 일하는 용석군은 자폐를 앓고 있는데 장애 2급이에요. 1급이 가장 중증이니까 2급이면 장애가 가벼운 것은 아니죠. 깊은 대화는 잘 안돼요. 그런데 8개월 정도 일하면서 용석군에게 많은 변화가 있었어요. 카페에서 일하다보면 계속 사람들을 만나야 되고 그 사람들이 각각 요구하는 것도 까다롭고 기호도 다르고 특히 모든 것들이 수시로 변하잖아요. 돌발상황도 많고요. 자폐는 자기 안에 갇혀 있는 것을 뜻하는데 용석군의 경우에는 자신만의 세계를 깰 수밖에 없는 상황이 된 거죠. 그러다보니 표현방법이 많이 늘었고 돌발상황에 대한 대처 능력도 좋아졌죠. 예전 같은 경우 손님이 티슈를 달라고 하면 없다고 답하는 경우가 많았어요. 티슈라는 단어의 뜻을 잘 모를 때는요. 그런데 지금은 손님들의 요구에 적극적으로 응하면서 돌발상황에 잘 대처하고 있어요. 공정이 복잡하지 않고 대부분 작업을 계량화할 수 있는 카페가 정말 적합하다 생각해요. 커피는 정확한 계량만 알면 내릴 수 있거든요. 과정이 정형화되어 있고요. 장애인 친구들의 활동 반경과 습성을 고려해봤을 때 커피가 가장 적합했죠. 공정에서 스트레스가 많은 직업은 또 힘들거든요. 물론 비장애인보다는 모든 게 느리겠지만 카페 컨셉을 '느림'으로 설정한다면 찾아오는 고객들도 거기에 맞춰주실 거라고 생각했죠.

카페를 하면 가장 고민되는 부분이 마케팅입니다. 돈이 많이 들기도 하고 실제로 어느 정도 효과가 있는지도 잘 모르는 경우가 대부분입니다. 자영업을 해보신 분들은 아시겠지만 할인 이벤트는 생각보다 효과가 없습니다. 지속적이지도 않고 오히려 상품의 가치만 떨어뜨리죠. 최근 열풍인 소셜커머스의 인기가 급격하게 식어가는 것도 할인 이벤트가 주는 효과가 장기적으로는 오히려 브랜드의 가치를 떨어뜨리기 때문이기도 합니다. 그런데 '행복한카페'는 마케팅이라는 단어를 사용하지도 않습니다. 이벤트도 특별히 없었고요.

이미 마케팅 분야에서 널리 사용되는 '관계마케팅'이란 개념이 있습니다. 특별히 SNS로 인해 고객과 상호 커뮤니케이션이 가능해지면서 관계마케팅이라는 새로운 트렌드가 확립되고 있죠. 그런데 '행복한카페'의 관계마케팅은 사뭇 다릅니다. 우선 '관계'의 의미가 진실됩니다. 사실 마케팅이라고 하는 단어와 관계라는 단어는 서로 상충됩니다. 관계에는 진실이 담겨야 하는데 마케팅에는 수익이라는 목적이 담겨 있으니까요. 그런 이유로 '행복한카페'가 마케팅이라는 단어를 사용하지 않는 것인지도 모르겠습니다. 그곳에는 관계가 있을 뿐 마케팅은 없습니다. 그러나 '관계'가 갖는 특성 때문에 저절로 마케팅이 된다고 할까요? '행복한카페'가 그리는 관계의 첫번째 고리는 장애인 바리스타와 고객 간의 관계입니다.

손님들과 장애인 바리스타의 현장에서의 관계가 궁금합니다.

  용석군을 통해서 변화되는 손님들을 보게 돼요. 일부러 찾아오는 분들도 많아요. 용석군을 보면 마음의 평안을 느낀다는 분들도 있고요. 근처 예술대학교 다니는 친구들이 용석군을 많이 좋아해요. 저희가 장애인을 고용하는 카페라고 광고하거나 어디에도 써놓지 않거든요. 길가다가 그냥 들어오신 손님 중에는 용석군이 일본인인 줄 알았다는 분도 계셨어요. 말투가 어눌해서요. 그렇게 자연스럽게 만나다보면 장애인에 대한 시각 자체가 변하더라고요. 우선은 용석군을 기다려줘요. 대형 프랜차이즈에서는 기다려주지 않잖아요. 조금만 늦어도 항의하고 맛에 대해서도 민감하고요. 그런데 우리 카페에 오신 손님들은 조금씩 기다려주면서 장애인과 비장애인이 함께 가는 거죠.

그렇다면, 운영팀과 용석군의 관계는 어떤가요?

  운영자들이 자폐장애를 이해해야 해요. 서로 서로 이해해야 하는 거죠. 용석군은 비장애를 이해해야 하고요. 그런 것들을 맞춰가는 작업들이 처음에는 어려웠어요. 항상 용석군이 이해할 수 있는 언어를 사용해야 하고, 용석군이 적용할 수 있게 모두 맞춰줘야 해요. 보통 비장애인들은 말하면서 주어 없이 뭉뚱그려서 하는 경우가 있잖아요. 용석군에게는 절대 그러면 안되거든요. 정확하게 수치를 얘기해야 해요. 비장애인은 손님이 몰리면 업무를 대충 할 때도 있어요. 가령 순서를 지키지 않는 부분이라든지, 용석군에게는 그런 게 용납이 안되죠.

'행복한카페'와 고객의 관계는 무엇입니까?

우리는 고정고객들이 대부분이에요. 크게는 예술대학 학생들, 주변 교회 교인들, 지역주민들 이렇게 세 부류의 고정고객이 계셔요. 이분들에게 맞춰서 소통을 시도하죠. 이번 학기에는 예술대학교 학생들과 프로젝트를 진행하려고 해요. 봄이 되면 지역주민들에게 꽃 한송이 선물을 드리기도 하고요. 우리는 대형 프랜차이즈처럼 마케팅을 할 수는 없어요. 그럴 만한 자본도 없고요. 생각해보면 딱히 아메리카노를 50% 할인한다고 해서 더 좋아하실 것 같지도 않아요. 저희에게 가장 중요한 건 진실된 마음이에요. 연말에는 지역주민들과 '고맙습니다 파티'를 했거든요. 그냥

**용석군을** 통해서
변화도는 손님들을 보게 돼요.
일부러 찾아오는
분들도 많아요. 용석군을 보면
마음의 평안을 느낀다는
분들도 있고요.

말 그대로 파티예요. 자주 오시는 손님들의 크고 작은 경조사와 생일을 챙기기도 하죠. 작은 메모지 책자에 손님들과 저희 사이에 여러 가지 이야기들을 나눠요. 용석군에게 편지를 남기시는 분들도 있고, 저나 다른 스텝들에게 이런 저런 이야기도 남겨주세요. 그럼 저희도 답장을 드리고요. 인터넷 댓글처럼 답글에 답글을 달죠. 손님들과 연애편지를 쓴다고 해야 할까요?

카페는 공정무역 커피를 사용하고 있었습니다. 좋은 생각을 하는 사람들의 당연한 귀결이라고 단순히 생각할 수도 있지만 왜 공정무역 커피를 쓰는지 굳이 물어봤습니다.

### 처음부터 공정무역 커피를 사용하셨나요?

처음부터 공정무역을 생각한 것은 아니었어요. 그런데 우리 카페에 오시는 손님들이 일부러 오시는 분이 많거든요. 대형 프랜차이즈보다는 맛이 떨어질 수도 있는데 그럼에도 오시는 분들은 함께 가겠다는 의지를 보여주신 것이라 생각해요. 착한 소비에 대한 의지를 표명하신 거죠. 그럼 저희 카페도 그런 고객들의 의지에 부응해서 착한 소비를 하는 카페가 되어야겠다고 생각했어요. 그래서 공정무역 커피와 장애인이 만들어내는 차를 납품받고 있어요.

고객이 '행복한카페'를 찾는 것은 이미 착한 소비의 의지를 표현한 것이기 때문에 그런 고객들의 의지에 부응하는 차원에서 공정무역 커피를 사용한다는 것이었습니다. 공정무역 커피를 사용하니 우리 커피를 구매해주십사 하는 것이 아니라 고객들에게 감사해서 공정무역 커피를 사용한다는 생각 자체가 신선했습니다. 이것도 고객과의 관계를 생각한 결정이고 그 자체로 또 하나의 매력적인 스토리가 되는 것이죠. 이 청년들이 만들어가는 이야기는 끝이 없습니다.

'고맙습니다 파티'가 참 인상적입니다. 다른 이벤트는 없으신가요?

그동안 우리를 찾아주신 고객들에게 보답하는 차원에서, 그리고 앞으로 또 와주셔야 할 고객들을 위해 콘서트도 계획하고 있어요. '부활'의 김태원 님하고 '위대한 탄생'의 우승자였던 백청강 님이 오셔서 콘서트를 해주기로 하셨어요. 제가 귀찮게 따라다녔죠. 그랬더니 흔쾌히 해주시겠다고 하셨어요.

이 부분에서 조금 놀랐습니다. 도대체 이 젊은이가 가지고 있는 힘이 무엇이기에 이런 프로젝트를 가능케 하는 것인지. 진은아 대표에게 엄청난 카리스마가 있다거나 마음을 홀리는 언변이 있는 것도 아닙니다. 제가 많이 봐왔던 20대 청년의 모습 그대로입니다. 하지만 이렇게 주목받을 만한 활동을 하는 20대는 찾기 어렵습니다. 그럼에도 언론이나 누리꾼들의 레이더에 잡히지 않고 대단한 일들을 하는 걸 생각해보면 아마도 진은아 대표가 지닌 '평범함' 때문이라는 생각이 들었습니다. 진은아 대표와 일곱 청년들이야말로 20대가 꿈을 잃어버린 이 시대의 진정한 아이콘으로 손색이 없지 않을까 생각합니다. 세상에 날고 기는 20대는 몇 있지만 평범함을 그대로 유지한 채 의미있는 일을 해나가는 청년은 보지 못했습니다. 저는 혹시나 하는 맘으로 슬쩍 물었습니다.

혹시, 대기업 다니는 친구들이 부럽지는 않으세요?

다들 그런지는 모르겠지만 대기업 다니는 친구들이 그다지 행복해 보이지는 않더라구요.

여기 안산에 진짜 '스토리로 스펙을 이기는' 청년들이 있습니다. 지금까지는 장애인을 돕겠다는 꿈이 카페를 이끌어왔지만 이제부터는 이 평범한 청년들의 스토리가 카페를 만들어가는 역동성이 될 것이라는 확신이 들었습니다.

### 꿈이 마을이 되다

 이 청년들의 다음 꿈은 마을공동체를 만드는 것입니다. 제가 소셜카페를 운영하면서 마을 이야기 하는 분들을 종종 만났습니다. 그런 목적으로 카페를 운영하고 싶다는 분들도 많았습니다. 그런데 그 실체가 명확하지 않습니다. 카페와 마을. 뭔가 연관성이 있을 것 같은데 깊이 생각해보면 손에 잡히질 않습니다. 그런 의도를 가지고 카페를 창업하더라도 결국에는 인테리어, 마케팅, 원가, 자금압박 등에 의해 원래 목적이 압도당하고 맙니다. 자본주의 사회의 매정한 시장에서는 어쩔 수 없는 일이 아닐까 스스로 위로를 삼죠.

 '행복한카페'는 마을을 만들어보겠다고 시작한 카페가 아니었습니다. 카페를 만든 원동력은 '장애인도 꿈이 있다'는 생각, 그 꿈을 이루도록 돕고 싶다는 열망, 장애인들의 장점이 각박한 사회를 정화시키는 역할을 감당할 수 있다는 확신, 이런 것들이었습니다. 그런데 그 귀결은 '마을'이 되고 있었습니다.

 '행복한카페'는 1년 전부터 토요일마다 '행복한 토요장터'를 운영해오고 있습니다. 시에서 주관하는 사업을 위탁하는 형식입니다. 일종의 벼룩시장이라고 할 수 있습니다. 지역주민들이 중고물품을 서로 교환하는 일종의 마이크로 마켓이죠. 처음에는 카페 홍보도 하고 부수적인 수입모델도 만들어볼 겸 해서 시작했습니다. 그런데 '행복한 토요장터'를 통해 예상치 못했던 일들이 일어나기 시작했습니다. 소문을 듣고 장터에 구경오신 분들이 그 다음 주에는 직접 물건을 팔러 나왔습니다. 남은 물건들을 카페에 기증하는 분들도 있었고요. 일종의 축제가 만들어진 것이죠. 물론 단순히 즐거움을 추구하는 축제가 아닌, 생활이 담겨 있는 축제였습니다. 지역사회 안에서 물건을 교환하다보니 경제적 가치도 높아졌죠. 이런 경험들을 통해서 지역사회가 함께 도모할 수 있는 일들이 있지 않을까 고민하게 되었습니다.

### 지역사회와 힘을 모아 다른 사업을 계획하고 계신 건 없나요?

친구들도 하고 싶은 일이 있고 적성도 다른데 장애를 가졌다는 이유로 받아주는 곳은 별로 없어요. 그렇지만 장애인 친구들이 커피만 내리고 살 수는 없잖아요. 저희가 할 수 있는 것들은 다 해보려고요. 일자리 창출이 좀더 가능한 영역에 도전하려고 합니다. 차기 사업으로 베이커리를 추진하고 있어요. 이미 얼마간 임대료를 후원해주시겠다고 약속하신 지역후원자가 계셔요. 또한 토요장터와 맞물려서 기증물품을 교환하는 '행복한가게'를 열려고 해요. '행복한베이커리' '행복한가게' 모두 지역주민들과 함께 만들어가는 컨셉이에요. 그렇게 하지 않으면 살아남을 수도 없구요. 저희가 자본이 있는 것도 아니고 주민들께서 함께해주시지 않으면 실현 불가능한 일들이죠.

역시 고민의 다른 한축은 장애인이었습니다. 그런데 지역주민들은 어떻게 꿈을 공유하게 되었을까 궁금했습니다. 부끄럽게도 우리 사회의 분위기가 장애인에게 우호적이지 않기 때문에 드는 질문이었습니다. 장애인학교를 만든다고 하면 복면 쓰고 나와서 반대하는 몰상식한 사람이 얼마나 많은지 아시잖아요. 그런 사람들 욕을 하면서도 정작 자신이 사는 동네에 사회적 약자를 위한 시설이 들어온다고 하면 마찬가지로 반대하는 게 또 현실이니까요.

사업과 지역사회, 장애인을 포함한 사회적 약자를 위해 진대표님이 하실 일이 무궁무진한 듯합니다.

네, 일단 지역주민들의 참여가 제일 중요해요. 바리스타 교육은 장애인들만을 대상으로 하지 않고 지역주민들도 오시거든요. 그런데 저희에게 커피를 배우신 분들은 거의 대부분 자원봉사까지 하게 되더라고요. 처음에는 그냥 커피를 배우러 오시지만 저희와 함께 시간을 보내면서 자연스럽게 용석군과 친해지고 또 장애를 이해하게 되지요. 용석군의 긍정적인 변화를 직접 목격하시고 또 참여하시다보면 저희보다 더 열정적으로 도와주시기도 해요. 토요일에 카페에 오시는 분들은 어느날 보면 토요장터에서 물건을 팔고 계시고 또 팔다 남은 것들은 저희에게 기증도 해주시고요. 이렇게 작은 소통들이 쌓여가고 있어요. '행복한베이커리'도 주민들과 함께 협동조합을 만들려고 해요.

　가장 중요한 건 장애과 비장애가 만나는 거예요. 저희들도 용석군과 함께 일하면서 장애와 비장애가 만난 거잖아요. 서로 만나는 것만이 아니라 새로운 자신을 만나기도 해요. 장애를 가진 친구는 자신의 새로운 가능성을 발견하고 비장애인인 우리들도 용석군에게 많이 배우거든요. 특히 느리게 사는 삶을 많이 닮게 돼요. 꾸준함과 성실함은 용석군이 탁월하거든요. 서로에게 윈-윈이에요. 지역주민들께서도 이런 과정들을 함께 경험하면서 함께하는 가치가 얼마나 소중한가를 알게 된 거죠. 장애와 비장애가 만날 뿐만 아니라 서로 몰랐던 사람들이 서로의 가치를 인정하며 퍼즐처럼 모여지는 꿈을 꾸게 됐어요. 우리 마을사람들은 우리 카페를 통해서 이미 장애에 대한 이해를 가졌잖아요. 도움을 주기만 하는 것이 아니라 장애인들에게 도움을 받기도 하고요. 그러니 카페뿐 아니라 베이커리나 다른 사업이 진행돼도 마을사람들이 함께할 수 있는 거죠. 그렇게 되면 장애인뿐 아니라 사회적으로 어려운 분들을 함께 고용하는 일들을 해나갈 수 있을 것 같아요. 특히 이곳에 사는 청년들을 보게 됩니다. 다들 뛰어난 능력이 있는데 자신의 능력을 잘 보지 못하는 것 같아요. 저와 같은 청년들과 함께 이루고 싶은 일들이 많아졌어요.

장애를 가진 친구는
자신의 새로운
가능성을 발견하고
비장애인인 우리들도
용석군에게 많이 배우거든요.
특히 느리게 사는 삶을
많이 닮게 돼요.

장애를 위한 고민이 발전하다보니까 장애와 비장애가 만나야 된다는 생각을 품었고 결국 마을공동체로까지 발전했습니다. 마을공동체를 해야겠다는 생각을 처음부터 한 것은 아니지만 퍼즐을 하나 둘 맞춰가다보니 마을이라는 해답이 자연스럽게 도출된 것이죠.

'행복한카페'의 진화는 끝이 없어 보입니다. 부러운걸요.

물론 행복한베이커리, 행복한가게 이런 구상들은 말 그대로 구상 단계죠. 아직 뚜렷한 실체가 있는 건 아니니까요. 주변 반응도 가지가지예요. 나이도 어린 것들이 뭘 알겠느냐는 분들도 계시고, 대단하다고 칭찬해주시는 분들도 계셔요. 그런데 저희가 뭘 크게 바라는 것은 아니예요. 용석군이 행복하길 바라고요. 용석군처럼 능력이 있는데도 우리 사회의 편견 때문에 꿈을 이루지 못하는 친구들이 꿈을 이뤄가는 공간이 되었으면 좋겠어요. 우리의 시도가 성공할지는 잘 모르겠지만 시도 자체만으로도 좋은 것 같아요.

저도 동의했습니다. 시도했다는 자체만으로 이미 성공한 것이죠. 가장 주목할 점은 마을공동체를 형성해가는 과정에서 마을 자체가 목적이 아니었다는 것입니다. 본래 목적이던 장애인의 꿈을 실현하기 위해 같이 고민하다보니 결국 마을공동체로 귀결되었다는 점, 그리고 그 결론에 이르기까지 지역주민들과 함께 고민을 공유했다는 사실이 핵심입니다. 마을이 어떻게 형성되느냐는 질문은 사후적 분석을 위해 용이하지만 실제로 마을을 만들어보겠다고 고민하는 분들에게는 크게 도움이 되지는 않을 것 같습니다. 오히려 '행복한카페'처럼 사회적 문제를 치열하게 고민하고 그 고민을 지역주민과 함께 나눌 때에 지역의 공감을 얻고 비로소 마을을 형성하는 구심점으로 발전할 수 있지 않을까 생각합니다.

특히 마을의 사랑방으로서의 카페를 고민하고 계시다면 카페를 먼저 만들어놓고 주민들에게 '여기가 사랑방이니 오셔서 많은 이야기들을 나누시라'고 하는 것은 순서에 맞지 않습니다. 우선 카페 공간에 지역주민과 함께 만들어가는 스토리가 축적돼야 비로소 마을 사랑방으로 인정받을 수 있습니다. '행복한카페'의 경우 그 지역에 살고 있는 장애인의 꿈을 이뤄주었습니다. 단순히 장애인을 위한 카페가 아니라 '그 지역'의 장애인을 돕는 카페라는 점이 시발점입니다. 사업이 전개되는 과정에서 장애와 비장애의 만남을 엮어냈고, 장애인뿐 아니라 사회적 약자를 돕겠다는 계획도 지역주민들은 기꺼이 받아들였습니다. 주민들의 동참을 이끈 원동력은 일곱 명의 청년들이 보여준 진정성이었습니다. 이렇게 충분한 목적의식이 카페를 찾는 사람들에게 교감되고 설득이 된 후에야 비로소 마을의 형성이라는 대명제가 가능해졌습니다. 이 모든 과정에서 가장 중요한 것은 '진정성'입니다. 물론 사업적 센스나 능력이 부족한 것도 아니었습니다. 그러나 저는 일곱 젊은이가 보여준 능력이 평범한 20대가 보여줄 수 있는 능력의 범위를 크게 벗어나지 않았다고 생각합니다. 오히려 그들이 보여준 진정성의 힘이 얼마나 위대한지, 우리 시대가 '스펙'이나 '개인의 능력'만을 지나치게 과신하고 있는 것은 아닌지 돌아보게 되었습니다.

### 공간의 본질은 이야기이지 인테리어가 아니다

지금까지 카페를 창업한 과정, 마케팅, 마을카페로서의 진화를 이야기했습니다. 마지막으로 카페를 한번 둘러보겠습니다. 이런 스토리가 있는 카페의 인테리어는 어떨까요? 한마디로 '별로'입니다. 홍대나 신촌, 강남에 있는 카페에 비해 인테리어나 소품, 어떤 것을 비교해도 나은 것이 없습니다.

그런데 뉘앙스를 잘 캐치하셨으면 합니다. '행복한카페'에서 인테리어는 부수적인 액세서리일 뿐입니다. 처음으로 '행복한카페'를 찾던 날 용석군의 인사를 잊을 수가 없습니다. 문을 열고 들어가자마자 '안녕하세요'라고 큰 소리로 인사하며 허리를 90도로 굽혀 인사했습니다. 형용사적 의미가 아닌 진짜 90도였습니다. 바리스타가 자폐를 앓고 있는 장애인이라는 사실을 잊어버리고 입장했던 터라 깜짝 놀랐습니다. 사전정보가 있는 저야 '아, 용석군이구나' 하고 금방 알아챘지만 이런 사실을 전혀 모르고 카페에 입장하는 사람들은 황송한 인사에 깜짝 놀랄 것 같습니다. 기분 좋은 서프라이즈겠지요. '무엇을 드릴까요?'라고 역시 큰 소리로 안내하는 용석군에게 아메리카노 두 잔을 주문했습니다. 카운터에 뭔가 기록하고 컵을 꺼내 아메리카노를 내리는 용석군의 뒷모습에서 눈을 뗄 수가 없었습니다. 처음 보지만 대견스럽기도 하고 대접을 받는 제 자신이 황송하기도 했습니다. 용석군의 존재는 '행복한카페' 전체를 채웁니다. 다른 인테리어를 쳐다볼 시간이 없습니다.

카페 크기도 아담합니다. 2층으로 되어 있는데 1층에 고작 4인 테이블 3개가 있고, 마루방으로 구성된 2층에도 테이블이 3개 있습니다. 벽에는 메뉴판과 그림이 있고 책이 여기저기 꽂혀 있습니다. '문학동네'에서 기부한 책들입니다. 고객들과 소통할 때 쓰이는, 손때가 많이 탄 노트들도 보입니다. 그런가 하면 커피 박스도 보이고 컴퓨터도 보이고, 사실 다소 산만합니다. 그러나 이 모든 것들이 큰 흠이 되지 않습니다. 용석군의 존재와 구석구석 쌓여 있는 이야기들이 카페의 분위기를 압도합니다. 물론 카페가 더 잘 정리되면 좋을 것 같기도 합니다. 진은아 대표도 카페가 너무 작아서 정리가 힘든 것이 고민이라고 합니다. 그러나 부족한 인테리어는 '행복한카페'가 채워가야 할 부분일 뿐 본질은 아닙니다. 이미 카페에 들어서는 순간 카페에 채워진 이야기와 용석군의 포스 때문에 인테리어에 신경쓸 틈이 없습니다.

**그러나** 부족한
인테리어는 '행복한카페'가
채워가야 할 부분일 뿐
본질은 아닙니다.
이미 카페에 들어서는 순간
카페에 채워진 이야기와
용석군의 포스 때문에
인테리어에 신경쓸
틈이 없습니다.

보통 카페의 본질을 공간이라고 합니다. 그런데 그 공간의 의미가 인테리어는 아닙니다. 저희도 인테리어에 대한 지적을 많이 받았습니다. 그래서 2천만원이라는 거금을 들여 뜯어고치기도 했습니다. 그런데 결론은 인테리어가 답이 아니라는 것이었습니다. 인테리어는 트렌드를 탑니다. 게다가 홍대앞 같은 프랜차이즈의 격전지에서 인테리어로 승부하기는 비용이 너무 크고 효과 또한 불확실합니다. 인테리어가 마음에 들어 카페에 오신 손님은 더 좋은 인테리어를 찾아 떠나갑니다. 그러나 스토리로 채워진 공간은 다시 오게 하는 힘이 있습니다. 누구에게 소개해주고 싶은 그런 힘이죠. 거금을 들여 좋은 인테리어로 시작한 카페는 초반에 선전할지는 모르지만 지속성을 담보하지는 못합니다. 결과적으로 어떤 이야기를 공간에 담아내느냐에서 승부가 납니다. 그런데 그 이야기의 주체가 '행복한카페'처럼 지역주민이라면 마을카페로 진화할 가능성이 높아지는 거죠. 이렇게 이야기가 쌓여가는 공간은 컨셉이라는 측면에서 보자면 통일된 느낌을 주기는 어렵습니다. 다소 산만해질 수밖에 없죠. 그런 부족한 부분은 사람이 채워 넣어야 합니다. '행복한카페'의 용석군이 하는 것처럼 말이죠.

'행복한카페'의 공간을 가장 잘 설명하는 포인트는 카페를 들어서기 전, 문 옆에 용석군이 직접 스케치북에 써놓은 시 한편에 있다고 생각합니다. 그 시를 읽고 들어갈 만한 여유가 있다면 이미 카페에 들어서기 전부터 감동받을 준비가 되는 거죠. 카페의 문을 열고 용석군의 깊은 인사를 받는 순간, 눈으로 읽었던 도종환 님의 시 「담쟁이」가 마음에 울림을 선사합니다.

담쟁이

저것은 벽
어쩔 수 없는 벽이라고 우리가 느낄 때
그때
담쟁이는 말없이 그 벽을 오른다.
물 한방울 없고 씨앗 한톨 살아남을 수 없는
저것은 절망의 벽이라고 말할 때
담쟁이는 서두르지 않고 앞으로 나아간다.
한뼘이라도 꼭 여럿이 함께 손을 잡고 올라간다.
푸르게 절망을 다 덮을 때까지
바로 그 절망을 잡고 놓지 않는다.
저것은 넘을 수 없는 벽이라고 고개를 떨구고 있을 때
담쟁이잎 하나는 담쟁이잎 수천 개를 이끌고
결국 그 벽을 넘는다.

# 담쟁이

저것은 벽
어쩔 수 없는 벽이라고 우리가 느낄 때
그때
담쟁이는 말없이 그 벽을 오른다.
물 한 방울 없고 씨앗 한 톨 살아남을 수 없는
저것은 절망의 벽이라고 말할 때
담쟁이는 서두르지 않고 앞으로 나아간다.
한 뼘이라도 꼭 여럿이 함께 손을 잡고 올라간다.
푸르게 절망을 다 덮을 때까지
바로 그 절망을 잡고 놓지 않는다.
저것은 넘을 수 없는 벽이라고 고개를 떨구고 있을 때

담쟁이 잎 하나는 담쟁이 잎 수천 개를 이끌고
결국 그 벽을 넘는다.

시 / 도종환
그림 글씨 / 이용석

행복한 자두씨2
도거 오세요

7장

그 후로 카페바인은?

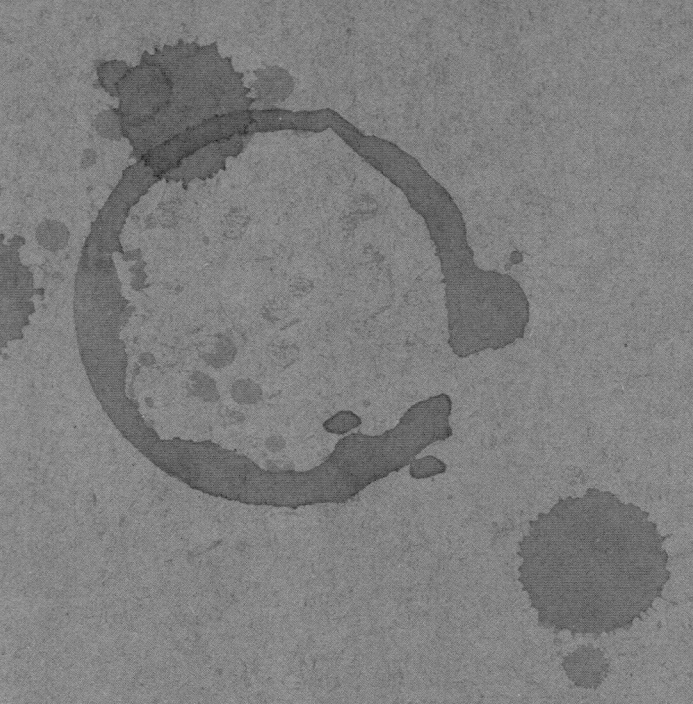

스토리를 시작하기 위해서는 '관심'의 무게중심을 옮겨야 합니다.
그렇다면 어디에 관심을 두어야 할까요?
무엇이 스토리의 시작인가요?
정답은 '타인' 입니다.

'나' 에게 집중돼 있는 관심을
'타인' 으로 옮기기 시작하면
비로소 스토리가 시작됩니다.

# 7장
# 그 후로 카페바인은?

**스토리는 어떻게 시작되는가?**

이제 다시 홍대로 돌아왔습니다. 수원, 신길동, 성미산, 안산, 그리고 다시 홍대. 참 좋은 카페들을 돌아봤습니다. 이 카페들을 다 돌아다니는 데 거의 반년이 걸린 것 같습니다. 각 카페의 느낌, 기획자들과 나눴던 대화, 커피의 맛 등을 적어놓은 수첩을 들춰보니 꽤 많은 양이었습니다. 그 수첩의 내용만큼 카페에 대한 이해도 더 깊어진 것 같습니다. 그렇다면 그동안 카페바인에는 어떤 변화가 있었을까요? 카페 기행을 마치고 들었던 생각은 아마도 지금 독자님의 생각과 비슷하지 않을까 싶습니다. 지금까지 제가 드린 이야기를 모두 들으시고 무엇을 해야 할지 떠오르는 것이 있으신가요?

네, 스토리입니다. 나의 스토리를 만들기 위해 무엇을 해야 할까요?

최근 카페바인에서 청년 모임을 두 차례 가졌습니다. 30명 정도가 모여서 이야기를 했는데 주제는 스펙이 아닌 스토리로 승부하자는 것이었죠. 함께 이야기를 나눈 대학생들은 스펙보다는 스토리가 중요하다는 명제에 공감하면서도 '스토리'라는 컨셉이 추상적이어서 실제로 적용하기가 어렵다는 이야기를 했습니다. 다른 사람들의 이야기를 듣고 공감하는 것과 나의 이야기를 만들어가는 것은 차원이 다른 일이죠. '카페는 스토리다'는 문구가 아무리 마음에 와닿아도 정작 자신에게 적용하려고 하면 공허한 외침이 될 수도 있습니다. 그래서 마지막으로 저희 카페바인이 어떻게 '이야기'를 만들어가고 있는지 말씀드리고자 합니다.

'스토리를 어떻게 만드느냐'는 대학생들의 질문에 대한 제 대답은 '관심의 중심을 옮기라'는 것이었습니다. 스펙에 매몰되어 있는 사람은 모든 관심이 '자신'에게 집중되어 있습니다. 그럴 수밖에 없겠지요. 취업의 성패, 더 나아가 성공 여부를 판단하는 잣대를 '스펙'으로 생각한다면 끝이 보이지 않는 산을 오르는 것과 같습니다. 아무리 좋은 스펙을 가지고 있어도 '더' 좋은 스펙이 존재하니까요. 스토리가 있는 삶을 원한다면 우선 '스펙 쌓기'를 포기해야 합니다.

비단 대학생들의 취업 문제만 그런 게 아니라 카페도 마찬가지입니다. 아니 모든 게 다 그렇습니다. 모든 관심이 '돈' '매출' '비용'에 맞춰져 있다면 거기엔 스토리가 만들어질 틈이 없습니다. 왜냐하면 매출을 올리고 비용을 낮추기 위해 해야 할 일은 끝이 없기 때문이죠. 일상적으로 일어나는 영업활동을 멈추라는 뜻이 아닙니다. 우선순위를 말하고 있습니다. 사업의 목적을 점검하라는 것이죠. 장사의 목적이 단순히 '돈벌이'라면 스토리는 단지 또다른 마케팅 기법이 될 뿐입니다. 본질을 놓치는 거죠. 그러니 사실 마케팅 효과도 없습니다. 차라리 전단지를 더 예쁘게 만들 방법을 고민하는 게 나을지 모르겠습니다. 카페의 스펙 하면 떠오르는 것이 인테리어죠. 얼마나 센스있게, 트렌디하게 인테리어를 하느냐가 카페의 본질이라고 생각하는 사람들이 꽤 됩니다. 그러나 젊은이가 스펙 쌓으려는 것과 마찬가지로 인테리어의 세계도 끝이 없습니다. 트렌드도 계속 바뀌죠. 저희가 하고 싶었던 이야기는 인테리어가 중요하지만 본질은 아니라는 겁니다. 카페가 위치한 입지도 중요하죠. 그러나 그 또한 리스크에 노출되어 있죠. 게다가 말씀드렸듯이 부동산 시장은 이미 그 가치를 정확하게 반영하고 있습니다. 입지가 좋으면 그만큼 초기비용이 많이 들어가죠. 임대료든 권리금이든 이미 입지적 유불리는 시장가격에 반영되어 있습니다. 결국 스토리입니다. 스토리가 스펙을 이깁니다. 다시 한번 강조하지만 마케팅이 아닌, 존재의 이유이자 근거로서의 이야기여야 합니다. 그런데 이야기는 자의적으로 혹은 단기간에 만들어지지 않습니다.

스토리를 시작하기 위해서는 '관심'의 무게중심을 옮겨야 합니다. 그렇다면 어디에 관심을 두어야 할까요? 무엇이 스토리의 시작인가요? 정답은 '타인'입니다. '나'에게 집중돼 있는 관심을 '타인'으로 옮기기 시작하면 비로소 스토리가 시작됩니다. 무슨 도덕이나 이타적인 삶을 살라는 게 아닙니다. 물론 이타적인 태도가 중요하기도 하겠지요. 그러나 본질은 말 그대로 '관심'입니다. 가령 손님이 카페에 들어옵니다. 우리는 보통 마케팅 차원의 질문을 합니다. '우리의 어떤 부분이 저 손님을 오게 했을까?' '어떻게 하면 다시 오게 할 수 있을까?' '어떤 서비스를 제공하면 좋아할까?' 다 중요한 질문들이죠. 마케팅 수업을 들은 사람이라면 응당 해야 할 질문들입니다. 그러나 스토리가 시작되는 질문은 '저 손님은 왜 이곳에 있을까?'입니다. 관심을 '나'에서 '그/그녀'에게로 옮겨야 합니다. 나의 마케팅, 사업적 활동이 손님에게 어떤 영향을 미칠까가 아니라 그 '사람'에게 집중해야 합니다. '왜'라는 질문은 참 좋습니다. '왜'를 알면 알수록 본질에 가까워지거든요. 저희는 고객을 유심히 관찰했습니다. 왜 홍대의 많고 많은 카페 중 카페바인에 오셨는지 직접 물어보기도 하고 많은 경우에는 자연스러운 대화를 통해 그 까닭을 알게 되었습니다.

저희 카페를 찾으시는 고객의 대부분은 단순히 맛있는 커피, 예쁜 공간보다 더 깊은 감동을 원했습니다. 세상에서 가장 까다로운 사람은 고객이지만 아이러니하게도 고객은 언제든지 설득당할 준비가 되어 있습니다. 그 설득의 원천은 다름 아닌 이야기였습니다. 아무런 기대 없이 그 자리에 카페가 있었기 때문에 오시는 분들과 저희가 추진하는 여러 프로젝트를 듣고 일부러 찾아오시는 분들은 대략 반반입니다. 카페의 이야기를 듣고 싶어서 오시기도 하지만 대부분은 카페에서 이야기를 만들고 싶어서 오시죠. 물론 구체적인 실행계획을 가지고 찾아오시는 것은 아닙니다. 막연한 기대와 약간의 궁금함 때문에 오시죠. 한가지 재미있는 사실은 그런 막연한 기대를 가지고 찾아오시는 분들은 저희에게 매우 우호적이라는 사실입니다. 카페 인테리어가 주변 대형 프랜차이즈 카페에 비해 좋을 리 없지만 이야기 때문에 찾아오시는 분들에게는 문제가 되지 않습니다. 그런 분을 많이 찾아내는 것이 저희 카페의 승패를 가르는 길이라 할 수 있겠죠.

### 세상과 이야기하라

관심의 무게를 '나'에서 '타인'에게 옮긴다는 것은 우선 이야기를 듣는 것을 의미합니다. '신길동그가게'처럼 매주 주민들과 함께하는 행사를 기획한다든지 아니면 사람들이 모여 있는 곳에 직접 찾아갈 수도 있습니다. 안산 '행복한카페'처럼 고객들과 소통하는 특별한 방법들을 만들어내면 좋겠죠. 제가 생각하기에 소통과 관련한 가장 훌륭한 모델은 성미산 마을공동체의 '작은나무'입니다. 이미 소개한 대로 그곳은 애초에 마을공동체의 소통 공간을 목적으로 만들어졌습니다. 카페의 목적 자체가 소통이죠. 주목할 것은 '작은나무'에서 일어나는 소통이 단순히 성미산 마을사람들 사이에서만 그치지 않는다는 점입니다. 그 공동체가 바깥세상과 소통하려 할 때 '작은나무'가 창구가 됩니다. 서울에 널린 프랜차이즈 카페들보다 좁고, 인테리어도 별로고, 서비스도 당연히 부족할 수밖에 없는 카페지만 그 작은 공간에 엄청난 스토리가 쌓여 있기 때문에 수억짜리 인테리어와는 비교가 안 되는 강력한 힘을 발휘하죠. 성미산 마을공동체가 겪어온 역사적 맥락들이 이미 세상과 소통하고 있기 때문에 '작은나무'는 큰 기획 작업 없이도 이미 마을카페, 스토리카페의 모델을 담아내고 있습니다. 문제는 따라하기가 쉽지 않다는 것이죠. 그럼 세상과의 소통을 어떻게 시작해야 할까요?

카페바인은 SNS를 적극적으로 활용하는 편입니다. 저희는 트위터와 페이스북 계정을 가지고 있습니다. 사실 SNS야말로 여러 사람과 진실한 이야기를 나눌 수 있는 좋은 공간이죠. 특별히 저희같이 돈은 없고 하고 싶은 일은 많은 사람들에게 SNS는 혁명적인 도구가 아닐 수 없습니다. 저희가 처음 트윗을 시작할 때는 주로 커피 이야기만 했습니다. 커피와 카페의 역사에 대한 이야기부터 카페에서 일어나는 소소한 일들까지 커피와 관련된 다양한 주제들을 이야기했습니다. 커피를 대하는 제 태도나 커피를 마시며 떠오르는 단상들을 올리기도 했죠. 카페 트윗이니 당연히 커피에 대한 이야기를 해야 한다고 생각했습니다.

**카페바인의** 트윗에는
사회나 정치
이야기가 많습니다.
왜냐하면
이야기를 하는 주체인 제가
주로 그런 이슈에
관심이 많기 때문입니다.

그런데 스토리의 중요성을 인식하고부터는 트위터를 대하는 태도 또한 바뀌었습니다. 우선 무슨 이야기를 올릴까 생각하는 시간보다 다른 사람들의 이야기를 듣기 시작했습니다. 그러면서 사람들의 관심사를 알게 됐죠. 카페나 커피 이야기 외에도 여러 가지 주제를 자연스럽게 이야기하기 시작했습니다. 그러면서 스토리에 대해 한가지 중요한 원리를 깨달았습니다. 스토리의 시작이 '타인'에 대한 관심이라고 한다면 스토리의 주체는 바로 '나'라는 것입니다. 남에게서 들은 좋은 스토리가 도움이 되기도 하지만 결국 나의 이야기를 해야 합니다. 타인에 대한 관심이 행동으로 나타날 때 관계가 맺어지듯이 결국 내가 타인과 어떤 관계를 맺느냐가 이야기의 본질입니다. 내가 관계를 맺고 있는 '타인'의 범위가 넓어질수록, 타인에 대한 관심이 보편적 가치와 만날수록 이야기의 격이 높아집니다. 물론 각 사람의 스토리를 평가할 수 있다는 뜻은 아닙니다. 이야기의 주체는 '나'이기 때문에 사람마다 이야기의 스타일과 전개과정이 다릅니다. 스토리에 정답은 없습니다. 그저 진솔하면 되는 것이죠.

가령 카페바인의 트윗에는 사회나 정치 이야기가 많습니다. 왜냐하면 이야기를 하는 주체인 제가 주로 그런 이슈에 관심이 많기 때문입니다. 트위터에서 사람들이 어떤 이야기를 하는지 듣다보면 당연히 제가 관심 갖는 이슈에 주목하게 되고 자연스럽게 반응하게 되지요. 그러다보니 저희 트윗은 어느새 시사문제를 주로 이야기하게 되었습니다. 물론 기존에 하던 커피, 카페 이야기도 많이 합니다. 주제의 폭이 넓어지니 관계의 범위도 넓어졌습니다. 현재 7천명 정도의 팔로워들과 트위터에서 만나고 있는데 대단한 숫자는 아니지만 팔로워들 덕분에 카페바인이 살아간다 해도 과언이 아닙니다. SNS에서 나눈 이야기들 덕분에 카페의 스토리가 더 풍성해지고 있습니다.

### 이벤트가 아니라 스토리다

구체적으로 SNS에서 일어난 대화들이 어떤 스토리로 엮어졌는지 말씀드리고자 합니다. 블로그 '독설닷컴'으로 유명한 고재열 기자가 어느날 트위터에서 1인 미디어기자 '미디어몽구'를 돕기 위한 후원회를 열고자 하는데 장소를 구한다는 트윗을 올렸습니다. 평소에 미디어몽구가 제작한 동영상을 즐겨 보았고 그의 시각에 공감한 적이 많았기에 필요하다면 카페바인을 사용하셔도 좋다는 트윗을 남겼습니다. 결과적으로 행사는 저희 카페에서 열렸고 제가 사회까지 맡게 되었죠. 이 인연으로 고재열 기자와 시민 봉사자들이 주도하는 '기적의 책꽂이'에도 참여했습니다. 물론 저희는 이런 일들이 재미있어서 하는 것이지만 저희가 봉사만 했다고는 볼 수 없습니다. 기적의 책꽂이를 통해 일부러 카페바인을 찾으신 분들도 많으니까요.

또 한번은 어떤 청년에게서 연락이 왔습니다. 아프리카 르완다 어린이들에게 책을 번역해서 보내는 'Books 4 Rewanda(B4R)'라는 단체 소속 청년인데 카페바인에서 펀드레이징을 위한 일일카페를 열고 싶다는 뜻을 전해왔습니다. 저희는 단순히 일일카페 장소를 제공하는 차원을 넘어서 함께 일을 해보자고 역제안했습니다. 저희가 운영하는 온라인 커피전문 쇼핑몰을 통해 펀드레이징을 할 수 있겠다는 생각이 들었습니다. 마음이 통하자 일은 일사천리로 진행되었습니다. 카페에서 B4R 기획모임을 갖고 저희도 펀드레이징에 동참했습니다. 현재 진행중인 프로젝트라 이 인연을 통해 만들어질 스토리들이 많이 기대됩니다.

제주도 강정마을과의 인연도 빼놓을 수 없는 스토리입니다. 사실 저는 해군에서 장교로 군복무를 했습니다. 아직도 해군에 형님, 동생 하는 분들이 많이 계시죠. 그러나 저의 시민으로서의 양심과 신앙의 정체성이 제주강정기지에 대한 회의를 품게 만들었습니다. 특별히 기지 건설을 반대하는 주민이나 운동가들을 대하는 해군과 경찰의 태도는 의분을 일으키기 충분했습니다. 솔직히 강정에서만 그런 폭력이 일어났다면 이렇게까지 민감하게 반응하지 않았을지 모르겠습니다. 그런데 최근 몇년간 발생한 일련의 사건들, 용산 사태, 쌍용차 폭력 진압, 그리고 이 사건 후에 자살 등으로 삶을 마감한 23명의 노동자와 1명의 전경, 또한 한진 사태 등을 겪으며 국가 폭력에 대한 인내가 한계점을 넘어선 것이죠. 트위터와 페이스북에 올라오는 사진들, 국가 폭력에 대한 생생한 증언들을 읽으며 용산 사태, 한진 희망버스 때 느겪던 억울함과 분노가 쌓였습니다. 해군기지의 당위성을 떠나, 국가가 국민의 '삶'을 그렇게 짓밟아서는 안된다는 생각이 들었습니다. 국민의 생명이나 안위가 위협받는 경우를 제외하고는 어떤 경우에도 국가 폭력은 지양되어야 하는 것이라 생각했습니다.

마침 가장 활발한 활동을 하고 계신 평화운동가 '개척자들'의 송강호 박사께서 상경하신다는 소식을 듣고 무리한 일정임에도 카페바인에서 강연을 부탁드렸습니다. 지금이야 트위터나 일반 언론에서 강정에 대한 소식을 접할 기회가 많아졌지만 그때만 해도 강정에서 일어나는 일은 거의 알려지지 않았을 때입니다. 송강호 선생님을 초청하고 SNS를 통해 알렸지만 많은 사람들의 관심을 받지는 못했습니다. 그날 대략 20명 정도가 송강호 박사님의 이야기를 들었습니다. 인원수에 연연하지 않으시고 담담히 강정의 평화를 증언하시던 송박사님은 평화를 직접 경험하려면 학업을 잠시 중단하고 제주도에 내려와서 몇개월만이라도 함께 강정마을 사람들을 도와주지 않겠느냐고 권하셨습니다. 그날 저는 송박사님과 참여하신 청년들에게 한가지 약속을 했습니다. '제가 직접 내려가지는 못하지만 제주도에서 최소한 한달 정도의 기간을 머물겠다는 분이 계시면 카페바인이 세 분의 비행기 티켓을 책임지겠다'고요. 선뜻 나서는 분이 없었습니다. 사실 충동적으로 결정할 사안은 절대 아니죠. 다음날 트위터에 같은 제안을 올렸습니다. 제안이 신선했는지 급격히 트위터를 통해 퍼졌고 많은 분들이 격려를 해주시더군요. 두 분이 적극적인 의사표현을 해주셨고 그 중 한 분에게 제주도로 가는 왕복 티켓을 드렸습니다.

준우씨라는 분인데 평소에 사회적 이슈에 그렇게 큰 관심은 없었지만 강정에 한달 정도 가 있는 것도 좋은 경험이겠다는 생각이 들어서 신청하셨다고 합니다. 비행기 티켓은 카페바인이 제공하고 숙식은 강정에서 활동하는 운동가 공동체에서 해결해주는 것으로 이야기를 마쳤습니다. 저는 준우씨에게 시위에 참여하더라도 항상 조심하고 절대로 다치면 안된다고 신신당부를 했습니다. 물론 카페바인이 파견한다거나 어떤 대표성을 갖는 것은 아니었지만 책임감이 느껴졌고 걱정이 됐습니다. 결론적으로 말씀드리자면 준우씨는 제주에 내려간 지 10개월이 된 지금까지도 강정에 있습니다. 저희는 한달만 계시다 오시라 지원을 한 것이었는데 준우씨는 강정에서 완전히 새로운 삶을 찾았습니다. 타인에 대한 관심이 스토리로 이어지고 스토리가 삶을 인도하는 경험을 준우씨도 하게 된 것이죠. 그 후로도 저희는 강정과의 인연을 이어갔습니다.

가장 최근에 있었던 일은 삼성카드 불매 운동이었습니다. 저희의 관점은 단순합니다. 국가가 추진하는 사안에 대해서 국민의, 특히 삶에 지대한 영향을 받는 당사자들의 강력한 반대가 있거나 국민적 합의가 이루어지지 않았을 때 국가는 국민의 소리를 최대한 듣고 설득하려는 노력을 해야 한다는 것입니다. 언론에서 이미 밝혀졌듯이 강정 해군기지는 그런 절차가 절대적으로 부족했습니다. 정치권이나 언론, 국민 여론도 여러 갈래로 나뉘어 있고 누가 보더라도 원만한 합의가 이뤄지지 않은 상황에서 시공사들이 공사를 밀어붙였고 이를 저지하려는 주민들과 운동가들에게는 국가의 폭력이 동원되었습니다. 우리는 도저히 용납할 수 없었습니다. 결국 삼성물산을 비롯한 시공사들은 구럼비 바위 발파를 감행했죠. 이에 항의하는 의미로 카페바인은 삼성카드 가맹점 계약을 해지했고 이런 사실을 트윗으로 알렸습니다. 작은 카페 하나가 가맹 해지한다고 삼성이 눈 하나 깜짝하지 않을 것이라는 사실을 잘 알았습니다. 그러나 우리가 할 수 있는 작지만 수행 가능한 방법은 그것뿐이었습니다. 트위터에서의 반응은 폭발적이었습니다. 저희 카페와 평소 온오프상 친분이 있는 식당 '베누'도 동참 의사를 밝혔고 그 후로 네다섯 카페, 식당들이 동참하였습니다. 그날 저희는 세 명의 기자에게서 전화를 받았고 『경향신문』 등 뉴스에까지 등장했습니다.

사실 강정과 관련해서 카페바인이 신문에 등장한 것은 두번째 일이었죠. 언론 노출이 딱히 장사에 도움 되는 것은 아닙니다. 게다가 카페가 문화면이 아닌 사회면 기사에 등장하는 터라 조금 아쉽죠.

지금은 강정의 운동가들을 돕기 위한 기금을 마련하기 위해 '강정커피'와 쌍용차 해고노동자 가족의 심리 치료센터인 와락센터를 후원하는 '와락커피'를 기획해서 판매하고 있습니다. 고객이 공정무역 커피 중 한 품목을 구매하면 매출 한건 당 5천원을 강정이나 와락에 기부하는 프로그램입니다. 앞으로 강정이나 평택뿐 아니라 약자가 있는 곳에 카페바인의 흔적을 남기는 것이 우리의 목표입니다.

카페바인의 이벤트를 이야기할 때 빠질 수 없는 것이 투표독려 캠페인입니다. 아무도 알아주지 않지만 이 부분에서는 저희가 원조라고 자부합니다. 카페가 만들어진 이후로 2010년 지방선거, 2011년 서울시장보궐선거, 2012년 총선에 이르기까지 선거가 있을 때마다 유권자가 투표를 하고 인증샷을 찍어오면 한달간 커피를 반값에 제공했습니다. 호응이 좋았는데 한번 할인을 해주는 것이 아니라 한달 내내 반값에 제공한다는 점에서 파격적이었죠. 반값 할인 캠페인은 선거 때만 있었던 것은 아닙니다. 대학생들이 '반값 등록금' 투쟁을 할 때는 시위에 참여하고 온 학생들에게 '반값' 커피를 제공했습니다.

지금까지 가장 파급효과가 컸던 트윗은 얼음이 얼 정도로 추운 저녁, 경찰이 FTA 반대 시위대에 물대포를 마구 뿌리던 날이었습니다. 물대포 세례에 젖어 추운 시위대에게 혹 홍대까지 오실 수 있다면 따뜻한 커피를 그냥 드리겠다고 썼습니다. 이벤트는 아니었고 저희가 그 자리에 함께 있지 못해 죄송한 마음에 쓴 트윗이었습니다. 그런데 이 트윗이 폭발적인 반응을 일으켰습니다. 그날 하루에 팔로워가 거의 2천명이 늘었습니다. RT 횟수를 셀 수가 없었죠. 커피란 그런 것이라 생각했습니다. 몸을 녹여주는 따뜻함. 그날 경험을 통해 카페바인이

**17세기** 유럽의
민주주의가 퍼지는 데
기여한 카페의 역사를
회복하자는 것이 '카페바인'의
목표 중 하나입니다.
그러다보니 아무래도 조금은
진보적인 색채를 띠게 되는 것
아닌가 싶습니다.

어떤 커피를 세상에 내놔야 하는지 다시 한번 생각하는 계기가 되었죠. '나는 꼼수다' 팀이 주최한 한미FTA 반대 여의도 집회에는 커피 천잔을 들고 갔습니다. 그날도 꽤 추웠는데 함께 모인 분들에게 조금이나마 따스함을 전달할 수 있어서 참 즐거웠죠.

최근에 가장 야심차게 진행하고 있는 프로젝트는 '함께데이'입니다. 저희뿐만이 아니라 홍대 주변에 있는 작은 가게들이 함께 모여 기획하는 프로젝트입니다. 이것도 트위터를 통해서 시작되었습니다. 발단은 홍대 근처에 있는 '베누'라는 음식점이었습니다. 베누 사장님이 쌍용차 해고노동자를 돕기 위한 '와락데이'를 만들어서 운영하시는 것을 보고 우리도 함께 동참하고 싶다는 의견을 드렸는데 그걸 계기로 몇몇 가게가 더 모여 공동으로 '와락데이'를 진행했습니다. 베누, 카페슬로비, 스몰톡프로젝트, 카페바인이 함께했는데 이런 저런 프로그램들을 만들어서 공동으로 진행했습니다. 카페바인에서는 '와락'의 기획실장님을 모셔서 고객들과 이야기하는 시간을 만들었고, 슬로비에서는 해고노동자 자녀들이 공연을 펼쳤습니다. 스몰톡에서는 짧지만 의미있는 영화들을 상영했고요. 와락데이를 통해 많은 돈이 모이진 않았지만 작은 가게들이 큰 뜻을 품고 함께 만들어냈다는 데 의미가 있었지요. 저희는 그날 매출의 1/3을 와락에 기부했습니다. 그래봐야 10만원이 채 안되는 금액이었지만요.

가능성은 거기서 멈추지 않았습니다. 매월 마지막 날을 '함께데이'

라 명하고 뜻있는 가게들이 모여 우리의 어깨가 필요한 이웃들에게 힘이 되어주는 프로그램을 진행하고 있습니다. 기존 와락데이에 참여했던 가게들뿐 아니라 6개 정도의 작은 가게들이 모여서 진행하고 있고 지금도 참여하고 싶다는 분들이 늘어나고 있습니다. 가게 사장님들과 기획자들이 정기적으로 모여 의제를 설정하고 프로그램을 만듭니다. 쌍용차 해고노동자를 돕는 일에 이어 두물머리, 강정 등등 그때마다 시의적절한 이슈들이 다뤄지고 다양한 방법으로 메시지를 전달하고 있습니다. 작은 가게들의 발랄한 도전이 신선했는지 언론에서도 주목하고 심지어 카페바인은 라디오 프로그램에까지 출연했습니다.

메시지가 너무 정치적인가요? 그렇지 않은 프로젝트도 여럿 됩니다. 국가가 운영하는 복지기관인 '강서자활센터'와 함께 경제적으로 어려운 분들께 창업을 컨설팅하고 카페 운영에 관한 교육을 진행하고 있습니다. 최근에는 장애인 단체에서 장애인 직업교육과 관련된 제안이 있어 검토중입니다. 대안학교에 다니는 고등학생이 카페바인에서 인턴십을 하고 싶다고 찾아온 경우도 있었습니다. 또하나 야심차게 준비하고 있는 프로젝트는 이주여성 화가들의 작품을 전시하는 그림카페로의 전환입니다. 어쩌면 이 글이 세상 빛을 보게 될 즈음에 그 그림들도 카페를 빛내고 있을지 모르겠습니다.

이렇게 스토리들이 이런 저런 모양으로 만들어지고 있습니다. 어쩌면 조금은 산만해 보일지도 모르지만 이 프로젝트들을 관통하는 하나의 주제가 있습니다. 다름 아닌 '사람'입니다. 스토리에 눈을 뜨자 한 사람 한사람이 가진 삶의 이야기들이 모두 유일하고 특별하다는 것을 알게 되었습니다. 한때 중산층 자영업자였지만 경제위기의 험난한 파고에 쓰러져 차상위계층이라는 어색한 이름을 얻은 아줌마가 희망을 잃지 않고 다시 밑바닥부터 시작하는 스토리, 신체 부자유에다 세상의 편견에 따른 마음의 부자유까지 안고 살아가는 장애인 청년이 모든 선입견을 부정하고 삶을 개척해나가는 스토리, 고국에서는 평범하고, 때론 잘나가는 여성이었지만 한국 땅에서는 '이주여성'이라는 선입견의 굴레 때문에 마음의 문을 닫아버렸다가 그토록 좋아하는 그림을 다시 그리면서 일어서는 여성의 스토리. 하나같이 대단하고 감동적인 이야기들입니다. 소외계층에게 컨설팅을 제공하는 것, 장애인을 교육하는 것, 이주여성 화가의 갤러리가 되는 것 자체도 중요한 일이지만 저희가 가장 소중하게 생각하는 것은 이 '사람'들의 스토리를 잘 듣고 재구성해서 카페라는 공간을 통해 세상에 내놓는 것입니다.

   그밖에도 많은 사건들이 카페바인에서 일어나고 스토리가 모아져 갑니다. 트위터를 통해 만들어진 가장 결정적인 스토리는 서두에 말씀드린 박원순 변호사님과의 만남이었습니다. 사실 이 모든 것이 박원순 변호사님을 만난 덕분에 일어난 일들이죠. 트위터 메시지 하나가 카페바인을 확실히 바꿔놓았습니다. 스토리에는 테크닉이 없습니다. 작은 소통, 작은 만남이라도 진정성을 가지고 꾸준히 시도해야 합니다. 스토리는 진정성 있는 소통을 통해 스스로 커갑니다.

### 자본보다 스토리

어쩌면 지금까지의 이야기들이 너무 정치적이거나 사회적이지 않은가 생각하시는 분들도 계실 것 같습니다. 카페가 커피만 잘 내려서 팔면 되지, 하는 분들도 있으시겠죠?^^ 저희가 정치적인 이야기를 많이 하게 된 이유가 두 가지 있습니다.

하나는 카페바인의 존재 목적입니다. 서두에 말씀드렸듯이 17세기 유럽의 민주주의가 퍼지는 데 기여한 카페의 역사를 회복하자는 것이 카페바인의 목표 중 하나입니다. 그러다보니 아무래도 조금은 진보적인 색채를 띠게 되는 것 아닌가 싶습니다. 또다른 이유는 다름 아닌 필자의 성향입니다. 처음 카페를 운영하기 시작할 때는 정치, 혹은 종교적 색채를 드러내지 않으려고 했습니다. 그러나 공간에 스토리를 담기 위해서는 우선 '나의' 스토리를 풀어내야 한다는 것을 깨달았습니다. 스토리는 기획에 의해 만들어지는 것이 아니기 때문입니다. 가장 진솔하고 꾸밈없는 스토리를 풀어내기 위해서는 결국 '나의' 이야기를 해야 합니다.

저는 신앙적인 배경 때문에 사회적 공의에 관심이 많습니다. 제 주된 관심사는 빈곤, 공정, 평화, 공존 이런 것들입니다. 기독교 신앙의 영향 때문일 것입니다. 구약성서 중 미가서를 보면 하나님이 원하시는 것은 오직 정의를 행하며 사람을 사랑하며 겸손하게 하나님과 동행하는 것이라는 구절이 있습니다. 제 삶을 관통하는 문장입니다. 비단 저뿐만 아니라 제가 스승이나 동지로 생각하는 사람 중 상당수가 바로 그 구절에 삶을 걸고 살아갑니다. 아마도 카페바인이 사회면에 자주(?) 등장하는 것도 우연이 아닌 필연일지 모르겠습니다.

그러나 카페의 정체성이 다소 치중된 면이 있음을 인정하지 않을 수 없습니다. 카페로서 가장 중요한 것은 무엇보다도 찾아오신 고객에게 긍정적인 시공간적 추억을 제공하는 것입니다. 좋은 커피는 두말할 나위도 없겠지요. 사실 커피의 우수성에 대해서는 상당한 자부심이 있습니다. 직접 로스팅을 하고 조금이라도 우리가 정한 기준에 부족하다 싶으면 고객에게 내놓지 않습니다. 문제는 공간입니다. 카페바인의 공간이 어떤 고객이 와도 편안하게 한나절을 보낼 만한 공간인지 자문합니다. 항상 무언가 부족함을 느끼는 것은 아마도 제 성향과 상당히 상관있지 않을까 생각합니다. 저는 뭔가 꾸미는 것에 약하고 공간 구성을 할 만한 센스도 부족합니다. 어떻게 보면 제가 가지고 있는 스토리의 한계가 아닌가 생각합니다.

그래서 SNS를 통해 모집 공고를 냈습니다. 이름 하여 '카페바인운영위원회.' 제목대로 카페를 함께 운영할 분들을 찾았습니다. 단순히 커피 팔고 장소 제공하는 통상적인 카페 비즈니스의 동료가 아니라 공간을 매개로 스토리를 함께 만들어내고 공유하는 분들이죠. 관심을 보여주신 분들을 찾아뵙고 어떤 일을 함께하고 싶은지 설명드렸습니다. 총 10명으로 운영위원회가 구성되었지요. 다들 직업도 다르고, 관심사, 비전, 살아온 환경 등등 모든 면에서 다른 사람들이었습니다. 물론 평소에 저희 안에서 일어나는 일들에 관심을 가지고 지켜봐오신 분들이 많았죠. 다 트친이었고요. 그중에는 단골손님도 두 분 계셨습니다. 이렇게 모인 운영위원회에 제시한 것은 하나였습니다. 카페바인을 지금보다 더 공익적 창조가 일어나는 시민 공간으로 함께 만들자는 것이었죠. 몇차례 모임을 갖고 페이스북으로 의견을 나누면서 새로운 가능성들을 발견하기 시작했습니다. 서로 다른 생각을 가진 사람들이 진실된 마음으로 아이디어를 공유하니까 생각이 더 깔끔해지고 문제들이 명료해졌습니다. 새롭게 구성된 운영위원들과 카페 운영에서부터, 재정상황, 조직구조, 사업방향까지 모든 면에 걸쳐 터놓고 이야기했습니다. 운영위원 체제로 성공적으로 전환하게 되면 바야흐로 카페바인 3기가 열릴 것이라 기대했었죠.

 그런데 제 기대와는 달리 엉뚱한 곳에서 문제가 생겼습니다. 건물주가 계약 연장을 하지 않겠다고 통보해온 것입니다. 어쩔 수 없이 카페를 옮겨야 하는 상황이 닥쳤습니다. 그렇지 않아도 높은 임대료 때문에 홍대를 고수하는 것이 바람직하지 않다는 운영위원들의 의견이 많았습니다. 저는 좀 아쉬웠죠. 박원순 변호사님께 보낸 편지에서도 썼지만 자본주의의 한복판에서 비자본적으로 살아남고 싶었는데 결국 그건 청춘의 철없는 객기로 판정되는 것 같은 아쉬움이었습니다. 당시에는 카페 매출이 한참 상승곡선을 그리고 있었기 때문에 아쉬움은 더 컸습니다. 그러나 제 욕심보다 중요한 건 지속 가능한 운동이었기에 자리를 옮기기로 결정을 했습니다.

지금은 카페를 동교동과 신촌 사이로 옮겼습니다. 카페를 옮겨야 할 때 즈음 카페바인과 비슷한 정신을 가지고 운영되던 '나무정거장'이라는 공익카페가 공동운영을 제안해주셨거든요. 사실 '나무정거장'이 아니었으면 카페바인은 기약없이 문을 내렸을지도 모릅니다. 그런데 아직 카페바인의 이름으로 해야 할 일들이 남아 있었나봅니다. '나무정거장' 투자자 분들의 배려와 양보로 저희는 동교동 삼거리에서 제2기를 열었습니다. 두 카페가 통합하는 과정에서 운영위원회도 대폭 강화되었고요. 아직은 운영위원회의 모델이 명확하게 자리잡은 것은 아닙니다. 정기적인 회의를 통해 운영위원회가 스스로 자리를 잡아가는 과정에 있습니다. 카페라는 공간을 어떻게 하면 지금보다 훨씬 공익, 창조, 전문성이 어우러진 공간으로 만들 것인가를 고민하는 중이지요.

'스토리'의 속성이 그런 것 같습니다. 비록 우리가 가지고 있던 자본의 힘은 소진됐더라도 '카페바인'이라는 이름으로 만들어진 모든 스토리, 그리고 그 스토리들의 열매와 가치는 사라지지 않습니다. 저희가 가지고 있는 가장 큰 자산은 이 공간 자체가 아니라 공간에 쌓여

**저희가** 가지고 있는
가장 큰 자산은
이 공간 자체가 아니라
공간에 쌓여진 스토리죠.
자리를 옮겼어도
스토리는 사라지지 않고
계속됩니다.

진 스토리죠. 자리를 옮겼어도 스토리는 사라지지 않고 계속됩니다. 처음 몇몇이 시작했던 이 카페 공간은 이제 많은 사람들의 지지와 동참을 얻었습니다. 비록 '자본'은 없어서 매달 임대료 내고 월급 주는 것이 벅차지만 우리에겐 '스토리'가 쌓여 있습니다. 두 카페가 합쳐지는 과정도 자본의 논리로는 도저히 이해할 수 없는 사건이었습니다. 자본과 자본의 합병이었다면 서로의 권리 확보를 위한 줄다리기를 해야 했겠지만 가치와 가치가 더해졌기 때문에 서로의 권리를 주장하지 않고 어렵지 않게 새로운 시작을 할 수 있었습니다. 가장 비자본주의적 발상으로 가장 자본주의적인 지역에서 살아남는 방법인지도 모르겠습니다. 물론 어려움이 없는 것은 아닙니다. '돈'이 없다는 것은 상당히 많은 문제들을 일으킵니다. 지금도 여전히 임대료와 인건비를 매달 걱정하는 신세입니다. 그런데 어떡해서든 뚫고 나갑니다. 홍대 앞에서의 실패를 곱씹으며 펴낸 제 첫 책『골목사장 분투기』가 예상 외로 선전하면서 인세로 버티기도 하고 예상치 못했던 곳에서 매출이 나오기도 합니다. 여전히 돈을 못 벌고 있지만 그래도 사람의 마음은 조금씩 얻어가고 있습니다. 그거면 된 거 아닐까 싶습니다.

### 스토리는 사람이다

마지막 반전이 너무 심했나요? 엄청난 성공을 기대하셨던 독자께는 스토리라는 해답이 조금은 실망스러운 결론일지 모르겠습니다. 결국 스토리라는 게 검증되지 않은 마케팅이라는 생각도 하실 만하죠. 맞습니다. 스토리는 마케팅이 아니라 삶의 방식입니다. 우리 사회가 만들어놓은 기준의 성공을 꿈꾸신다면 스토리와는 멀어지는 게 더 좋을지도 모릅니다. 왜냐하면 스토리는 타인을 향한 지대한 관심을 요구하기 때문입니다. 타인이 더이상 타인이 아닌 내 사람이 되었을 때 비로소 스토리가 시작됩니다. 마치 저에게 그저 하나의 사회적 이슈에 불과했던 제주도 강정마을이 송강호 박사님을 만나고부터는 내가 잘 아는 사람의 일, 곧 나의 일이 되었던 것처럼요. 그때서야 우리의 스토리가 만들어지기 시작했고 의미있는 아이디어들이 만들어졌습니다. 카페바인이 운영위원회를 구성한 것도 새로운 관계를 위해서였습니다. 저희의 철학을 공감하시는 분들과 함께 새로운 관계를 맺고 그 관계를 통해 창조될 새로운 스토리를 기대한 것이지요. 성경에 보면 '철이 철을 날카롭게 하는 것같이 사람이 그의 친구의 얼굴을 빛나게 하느니라'(잠언)는 말씀이 있습니다. 운영위원을 구성하면서 염두에 두었던 문구입니다. 제가 낸 공고를 보고 관심을 보이신 분들은 이미 자신의 이해관계보다는 공간을 통한 소통에 더 관심이 있는 분들이었죠. 그러나 운영위원 개개인은 서로 너무나도 달랐습니다. 그러니 당연히 사고방식, 일하는 스타일, 소통 방법 모두 달랐습니다. 한 가지 재미있는 사실은 사회적 이슈들에 다들 관심이 많으셨는데 지지

하는 정당이 다 달랐다는 것입니다. 실제로 모임을 구성하고 논의를 시작해보니 역시나 상당히 좋은 의견들이 많이 나왔습니다. 의견은 다양했지만 논의가 거듭되면서 하나의 방향성을 갖게 되었습니다. 카페바인은 더 넓은 스토리의 바다로 나아가야 한다는 것이었습니다.

답은 사람에게 있었습니다. 모든 사람의 스토리가 같은 무게를 지닌다면, 그리고 진정성 있는 만남과 관계가 또다른 스토리를 창조한다면 우리는 더 많은 사람들을 만나야 했습니다. 무슨 뜻이냐구요? 다름 아닌 협동조합을 형성하기로 한 것이죠. 처음에는 주식회사를 생각했습니다. 제게 익숙한 포맷이기도 했고 필요한 자본을 모으는 데 좀더 용이한 방식이라 생각했거든요. 그러나 의견이 모아지고 방향성이 명확해질수록 답은 협동조합과 주식회사(사회적기업)가 융합된 형태라고 결론이 모아졌습니다. 협동조합은 우리가 추구하는 3대 원칙 즉, "소통, 민주적 경영, 사회적 가치"를 구현하는 데 가장 적합한 포맷이었죠.

제가 처음 협동조합을 접한 것은 1년 전 지인으로부터 스페인에 위치한 몬드라곤을 소개받고 난 뒤였습니다. 제가 소셜카페를 운영하고 있다는 소식을 들은 지인은 KBS에서 방송한 다큐멘터리 '몬드라곤의 기적'을 꼭 시청하라고 조언해주었습니다. 방송 내용은 그야말로 충격 그 자체였죠. 조합원이 곧 직원이고 이사진도 투표를 통해 조합원 중에서 선출되는 기업구조도 충격적이었지만 협동조합이 재계 10위권이라는 내용에 '바로 이거구나'라는 생각이 들었습니다. 트위터를 통해 협동조합에 대한 자료를 모으고 공부하기 시작했습니다. 일상에 치여 공부에 큰 진전을 이루지는 못했지만 언젠가 협동조합을 일으켜야겠다는 생각을 했습니다. 바로 지금 그렇게 할 수밖에 없는 상황이 된 것이죠.

저희가 협동조합을 꿈꾸는 이유는 우선 기업의 구조가 민주적이기 때문입니다. 협동조합은 지분을 많이 가진 사람이 더 큰 발언권을 가지는 것이 아니라 얼마를 투자했든지 1인 1표의 의사결정권이 있습니다. 물론 그것이 절대적인 룰은 아닙니다. 어떤 협동조합은 주식회사와 마찬가지로 1원 1표 원칙으로 운영하기도 합니다. 그러나 스토리의 관점에서 보면 1인 1표가 적합합니다. 돈의 많고 적음은 사람마다 다르겠지만 스토리의 무게는 각 사람이 동일하기 때문입니다. 모두가 같은 무게의 발언권을 가질 때 각자가 가진 스토리가 융합되고 새로운 창조의 가능성이 더 커질 것이라 생각합니다. 반면 1원 1표의 주식회사 구조는 돈 많은 사람이 말도 더 많이 합니다. 그러나 돈이 많은 것이 아이디어와 스토리가 풍부한 것은 아닙니다. 특히 사회적 가치를 추구하는 협동조합 입장에서는 지분이 많은 사람의 발언권이 강할수록 개인의 이해관계에 얽매일 수밖에 없습니다. 1인 1표 원칙이야말로 카페바인이 추구하는 사회적기업으로서의 역할을 충실히 감당할 수 있는 구조라 할 수 있습니다.

협동조합을 꿈꾸는 또다른 이유는 사회적 참여를 극대화하기 위해서입니다. 지금까지는 카페바인이 운동을 기획하고 고객이나 SNS 친구들의 참여를 기다리는 형태였다면 조합은 소비자가 운동의 주체가 됩니다. 운동을 기획하고 운영하는 주체가 다양해집니다. 자연스럽게 스펙트럼이 넓어지고 지속 가능성도 더 높아집니다. 이미 운영위원들의 다양성을 통해 시너지의 가능성을 보았기 때문에 협동조합이 가져올 융합의 시너지에 기대하는 바가 큽니다.

마지막으로는 소통의 가능성입니다. 사실 소통의 확장은 민주적 의사결정 구조, 사회 가치 창조라는 두 목표의 종속변수라고 해야 맞습니다. 사회적 가치를 추구하는 조합에 참여하는 사람들에게는 이미 소통의 욕구가 충만합니다. 단순히 금전적 수익을 추구하는 일반 주식회사의 투자자와는 근본적으로 다릅니다. 중요한 것은 그런 소통의 욕구를 충족시킬 만한 구조와 조직의 태도입니다. 협동조합은 그런 면에서 일반적인 기업의 구조보다 소통의 가능성이 열린 구조라 할 수 있습니다.

'철이 철을 날카롭게 하는 것같이 사람이 그의 친구의 얼굴을 빛나게 하느니라.' 협동조합의 정신을 이보다 더 잘 표현하기 힘들 것 같습니다. 새로운 카페바인에 대한 구상이 협동조합이라는 형태로 완성되어가고 있습니다. 이런 결론이 날 수 있었던 것도 운영위원이라는 공동 의사결정 주체가 있었기 때문에 가능했습니다. 물론 몇년 후에 저희의 새로운 시도가 성공적이었다고 말할 수 있을지는 미지수입니다. 누가 감히 미래에 대해 말할 수 있겠습니까? 그렇지만 그런 불확실성이 저희에게 두려움이나 주저함으로 다가오지는 않습니다. 우리에게 성공의 기준은 돈을 벌었느냐 못 벌었느냐가 아니라 우리의 도전을 통하여 새로운 가치가 창조되었느냐에 달렸기 때문입니다. 혹 몇년 못 가서 문을 닫더라도 우리의 실패를 거울삼아 누군가는 성공의 깃발을 들어올릴 것이고 그 성공의 열매는 우리 사회 전체 모두가 공유하게 될 것이기 때문입니다.

재미있는 것은 협동조합 카페를 구상하기 시작하고부터 많은 사람들로부터 비슷한 꿈을 꾸고 있다는 이야기를 듣습니다. 실제로 저를 찾아오는 분들이 요즘 들어 부쩍 많아졌습니다. 대부분 마을카페에 대한 가능성을 타진하기 위해 오시는 분들입니다. 그분들과 대화하다 보면 카페바인이 사회적 가치를 추구하는 소셜카페로서 주목을 받고 있다는 사실에 자부심을 느끼기도 하고, 우리가 시도하려는 것이 이미 시대정신의 본질일지도 모르겠다는 생각도 듭니다. 그리고 우리는 그 시대정신의 한 부분을 감당하고 있다는 사명감마저 갖게 됩니다.

이미 소개해드린 네 카페들도 같은 고민을 하는 것 같습니다. 성미산 '작은나무'는 이미 협동조합의 형태로 운영이 되고 있지요. 내년에는 조합 신고를 하려고 한답니다. 수원 '우리가꿈꾸는동네'는 이미 성공적인 사회적기업으로서 맹활약을 하고 있습니다. '행복한카페'는 지역 주민과 함께하는 마을 기업을 구상하고 있죠. '신길동그가게'도 협동조합을 공부하신다고 합니다. 참 신기하게도 가치 중심의 경영을 하는 분들은 한결같이 같은 방향을 바라봅니다. 카페의 특성, 강점, 살아가는 방식도 모두 다르지만 방향은 비슷하다는 것을 느낍니다. 그리고 다른 카페들에 대한 관심들이 많습니다. 자신의 방식만이 옳다고 주장하는 분은 없었습니다. 카페를 들를 때마다 다른 카페들은 어떻게 하고 있는지 서로 배울 점은 없는지 오히려 제게 물어보시곤 하죠. '함께데이'에 대해서 말씀드리면 하나같이 참여하시겠다고 하십니다. 오히려 저희의 기획 능력이 부족해서 이분들이 참여하실 수 있는 길을 만들어드리지 못하고 있는 형편이지요. 그래서 여전히 함께할 분들을 찾습니다. 기획 능력은 부족하고 돈도 없으니까 여러 사람이 십시일반 힘을 모아 의미있는 일들을 해보려고요. 뜻이 있는 곳에 길이 있다고 하잖아요? 그런데 그 속담의 진짜 의미는 '꿈이 있는 곳에 사람이 있다'가 아닐까 생각합니다.

  이야기를 마무리 지으면서 다시 한번 강조하자면 이 모든 이야기의 중심에는 카페라는 공간보다 먼저 사람이 있었다는 사실입니다. '우리가꿈꾸는동네'가 있기 전에 '안병은'이라는 사람, 그리고 그 사람이 꾸었던 꿈이 있었죠. '신길동그가게'가 있기 전에 전혀 새로운 복지를 생각한 '최정은'이 있었고요. '행복한카페'가 있기 전에 장애를 가진 이웃을 세상에 세우고자 한 '진은아'가 있었습니다. '작은나무'는 스케일이 더 크죠. 여러 사람의 꿈들이 퍼즐 조각처럼 모여서 하나의 그림을 그리고 있습니다. 어디든지 위대한 공간의 시작은 사람의 꿈에서 시작되었다는 사실은 변함없습니다. 그리고 그 꿈이 실현되는 과정에는 같은 꿈을 꾸는 또다른 사람이 있었고요. 꿈이 전이되어 더 큰 꿈이 만들어지는 것을 볼 수 있었습니다.

어쩌면 이 모든 것이 정말 한여름 밤의 꿈같은 이야기로 결론 날지 모르겠습니다. 그러나 『스토리가 스펙을 이긴다』에서 소개된 오노 요코의 명언이 우리에게 희망을 줍니다. "혼자 꾸는 꿈은 그저 꿈이지만, 함께 꾸는 꿈은 현실이 된다." 우리가 오늘 함께 꾸는 꿈은 미래의 현실입니다. 이 꿈의 여정을 함께 걸어갈 동지를 찾습니다.

# 8장

# 또다른 이야기들

취재: 강도현 · 이은 카페바인 운영위원

커피마을 · 동네변호사카페 · 이로운 · 책읽는 고양이

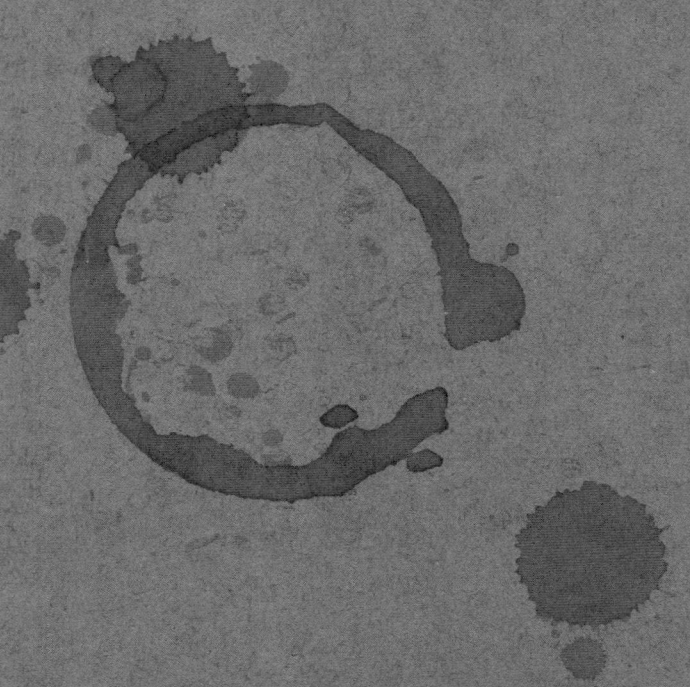

짬짬이 시간을 내서 카페라는 공간을 이웃과 함께 살아가는 데
활용하는 분들을 찾아보았습니다.
여러 가지 여건 때문에 긴 지면을 할애할 수는 없지만
꼭 소개하고 싶은 카페들입니다.

시간을 내실 수 있다면
여기 소개된 카페들을 돌아보는 것도
의미있을 것 같습니다.

## 8장
# 또 다른 이야기들

취재: 강도현 · 이은(카페바인 운영위원)

지금까지 돌아본 카페들 외에도 좋은 생각을 가지고 고군분투하는 곳들이 많습니다. 다 찾아뵙고 싶은데 그럴 만한 여유가 없는 것이 참 아쉽습니다. 그래도 짬짬이 시간을 내서 카페라는 공간을 이웃과 함께 살아가는 데 활용하는 분들을 찾아보았습니다. 여러 가지 여건 때문에 긴 지면을 할애할 수는 없지만 꼭 소개하고 싶은 카페들입니다. 시간을 내실 수 있다면 여기 소개된 카페들을 돌아보는 것도 의미있을 것 같습니다.

### 커피로 마을을 세우다 _커피마을

비오는 날 일산 백석동의 한 골목길. '여기 카페가 있을까?'라는 생각이 들 만한 곳에 마을카페가 있습니다. 아담한 카페죠. 테이블은 딱 셋. 대표님은 뿔테 안경을 쓰신 아저씨인데 인상이 참 좋더군요. 문 밖에 걸린 포스터도 인상적이에요. 청소년을 위한 클래식 콘서트를 카페에서 연다고 합니다. 이 좁은 공간에서 콘서트를? 어떻게 가능한지부터 여쭤봤더니 카페 옆에 있는 공연장으로 안내해주십니다.

렘브란트의 '돌아온 탕자'가 벽에 걸려 있고 건너편 창문 너머로 담쟁이덩굴이 벽을 타고 넘어가는 멋진 집이 보입니다. 마치 먼 나라의 오래된 마을 풍경 같았죠. 한 40명 정도 앉을 수 있는 공연장입니다. 최고급 시설은 아니지만 지역 청소년들을 위해 좋은 공연이 열릴 만한, 아담하고 세련된 공간이었습니다. 대표님 말씀이, 거의 모든 나무 인테리어들은 직접 하셨다고 합니다. 대표님께 부탁해서 커피 한잔을 앞에 두고 대화를 나눴습니다. 알고보니 젊은 목사님이셨어요. 공연장은 교회였던 셈이죠. 일요일엔 교회, 주중엔 공연장이 되는 거죠. 안준호 목사님께 어떻게 카페를 시작하시게 됐는지 여쭤봤습니다.

처음엔 전통적인 교회의 모습으로 시작했어요. 설교를 잘할 자신이 있었거든요. 그런데 설교를 한달 했더니 문제가 생겨요. 거짓말이 얼굴에 드러나는 편인데 설교 때 자꾸 얼굴에 불편함이 나타나고 나의 영이 나의 설교를 비웃는 듯한 느낌을 받았어요. 설교를 하면서 나 자신은 정작 나의 설교와 전혀 상관없는 삶을 살고 있었던 거죠. 나뿐만이 아니라 모든 그리스도인들이 그런 것 같았어요. 자유, 기쁨, 사랑이라는 언어를 사용하지만 실제 삶은 그렇지 않았죠. 결국 목회를 거의 포기하다시피 하고 아내와 함께 산을 다니고 거리를 다녔어요. 하나님은 교회에 계시지 않는데 정작 산에 오르니 하나님을 만날 수 있더라고요. 그러다가 여기저기 있는 카페들을 찾아다녔어요. 부암동에 있는 어떤 카페에 갔는데 사람들이 나누는 일상의 이야기를 가만히 듣다가, '아하, 여기 하나님이 계시는구나' 하고 알게 됐죠. 그러던 어느날 평소에 잘 마시던 이르가체페(예가체프)의 맛이 갑자기 내 몸과 혀를 타고 머리까지 휘감으면서 알 수 없는 눈물이 쏟아지는 거예요. 그때부터 카페를 꿈꾸었지요.

그러고도 한동안 별다른 일 없이 아내가 운영하는 학원의 셔터맨을 했어요. 아내가 생계를 책임지고 나선 거죠. 참 비참하더라고요. 아내에게 책임을 미루는 듯한 죄책감이 밀려오고, 학원 앞에 쌓이는 낙엽을 쓰는 게 아주 짜증이 나더라고요. 그런데 나의 내면에서 목소리가 들려와요. '너 정말 많이 컸다. 너는 지금 네 마음을 쓸고 있는 거야' 라는 이야기였어요. 그렇게 생각하니까 더 이상 비참하지 않더라고요. 계속 낙엽을 쓸면서 생각이 깊어지기 시작했죠. 낙엽을 쓸다보니 지나다니는 아저씨들, 아줌마들과 이야기를 하게 되고 마을이 눈에 들어오기 시작했어요. 낙엽을 쓸면서 동네사람들을 만나고 이 동네를 사랑하게 됐어요.

그래서 '커피마을'이 됐습니다. 많은 사람이 마을을 이야기 하지만 또 어떤 이에게 마을은 개념에 불과하지만, 안준호 목사님에게 마을은 삶 그 자체였습니다. 특별히 아스팔트 위를 걸어다니는 아이들과 청소년들이 눈에 들어왔다고, 그 아이들을 위해 살고 싶다는 생각이 들었다고 하시더군요.

중고등학교 시절을 돌아보니 제 아픔의 원인이 되는 두 사건이 생각나요. 저는 폭력이 일상화된 환경에서 자랐어요. 특별히 어린 시절에 집안일로 쥐를 잡다가 수장시키는 일을 했거든요. 그 기억이 얼마나 나에게 폭력적 기제로 작용했는지를 떠올립니다. 물론 좋은 기억들도 많아요. 부모님께 사랑을 받았고 사람들과 함께 밥을 먹은 추억들이 있죠. 그래서 아픔을 받는 아이들을 치유하고 좋은 추억을 주고 싶어요. 카페도 이 마을 아이들 때문에 시작했어요. 장소를 얻고 공사를 시작했죠. 모든 시설을 내 손으로 직접 지었어요. 그러니 당연히 시간이 오래 걸릴 수밖에 없었죠. 공사를 시작하고 나서도 소문에는 카페라는데 계속해서 공사만 하고 있으니 마을사람들이 궁금해하더라고요. 저는 그들과 대화하기 시작했어요.

아픔을 받는
아이들을 치유하고
좋은 추억을 주고 싶어요.
카페도 이 마을
아이들 때문에 시작했어요.

커피에 대한 목사님의 확신은 대단했는데, 커피가 우리 삶의 본질을 이야기한다고 합니다. 심지어 커피 이야기로 기도문까지 만든다 하시니 이분에게 커피가 얼마나 대단한지 알 수 있었습니다. 커피는 돈이 없는 어린 아이들을 위한 학교를 운영하게 하고, 돈이 없어 공부할 수 없는 친구들을 지원할 수 있게 해줍니다. 특별히 커피는 마을사람들과 진솔한 대화를 나눌 수 있게 도와주죠.

어떻게 진정한 의미의 마을을 만들어낼 수 있을까 고민했어요. 백석동은 신도시 1세대거든요. 이 동네에는 원래 농부였다가 신도시 개발되면서 엄청난 부자가 된 사람들이 있어요. 그러나 그 돈을 관리하지 못해 가정이 깨지고 삶이 완전히 망가진 사람들도 많아요. 그리고 신도시라는 이름값 때문에 온 사람들도 많죠. 부부가 맞벌이를 해야 하고 그래서 아이들이 방치되는 모습을 보면서 깨진 가정과 외로운 아이들을 돌보는 것이 마을의 첫 단계라 생각했어요. 그래서 카페 이름도 '커피마을'이라고 했어요. 사람들이 이해하기 쉽고 공감할 수 있는 공간을 만들려고 했죠.

한 아이가 성장하는 데 온 마을이 필요하다고 했던가요? 우리 아이들이 이렇게 어려운 삶을 살아가는 것은 그들을 돌봐줄 마을이 없기 때문일지도 모릅니다. 인간을 사랑하는 한 젊은 목사에게 어쩌면 커피는 복음이었을지도 모르죠. 목사님뿐만이 아니라 커피를 통해 목사님을 만난 아이들에게도요.

아이들이 불쌍했어요. 많은 폭력에 노출되어 있잖아요. 요즘 아이들에겐 학습권이 없어요. 만들어진 스케줄에 의해 움직이는 것은 폭력이지 학습이 아니에요. 야간자율학습이 아니고 야간강제학습이죠. 학교 끝나면 학원에 강제로 가야 하는 것. 이것은 폭력입니다. 그리고 행복추구권이 전혀 주어지지 않아요. 여행도 못하고 사랑도 못하는 세대를 만들었어요. 아이들에게 상상력이 없는 것은 시간을 스스로 결정할 수 없는 폭력에 시달리기 때문이에요.
그래서 대안을 생각했어요. 야간자율학습에 대한 대안, 그리고 입시교육에 대한 대안이요. 교육을 하다보니 스스로 공부를 할 수 없게 만드는 심리적, 영적 괴로움에 아이들이 시달리고 있다는 사실을 깨달았어요. 이미 너무 많은 폭력에 시달리고 있는 아이들에게 우리가 흔히 생각하는 공부를 시키는 것은 또다른 폭력일 뿐임을 깨달았죠. 그리고 아이들은 삶을 스스로 개척하기에 너무 힘든 경험들을 이미 겪었어요. 그런 아이들을 돌보는 것이 곧 마을입니다. 그 아이들은 나의 설교는 전혀 기억하지 못하겠지만 내가 내려주는 커피와 팥빙수는 기억할 거라고 생각해요. 제 꿈은 나의 장례식을 마을사람들이 동네장으로 치러주는 거예요. 이 동네에서 커피 내리다가 죽고 싶어요.

이제 다섯살이 되는 제 큰 딸과 겨우 걷기 시작하는 둘째 딸을 보며 '저들이 내 미래다'라는 생각을 하기도 합니다. 아니 미래일 뿐 아니라 현재이고 존재의 의미죠. 비단 제 아이들뿐이겠습니까? 아이들은 정말 소중한 존재들입니다. 골목에서 마주치는 아이들을 보고 경이로움을 느낄 때가 많습니다. 그런데 너무나도 많은 아이들이 세상으로부터 상처를 받고 보호받지 못한 채 방치되는 경우가 많습니다. 때로는 그 아이들의 부모 탓을 하기도 하고 악한 세상 탓을 하기도 하죠. 문득 성서에 나오는 착한 사마리아인 이야기가 생각납니다. 고통받는 사람을 보며 그냥 지나친 종교 지도자들과, 길가에 쓰러진 행인을 보고 그냥 지나칠 수 없어서 위험을 무릅쓰고 산을 함께 내려와준 사마리아인을 두고 예수는 '누가 그 쓰러진 행인의 이웃이냐'라고 물었다죠.

백석동 '커피마을'을 지나다니는 아이들은 좋은 이웃이 있으니 참 다행이라는 생각을 했습니다. 아, 모든 카페는 정말 좋은 이웃이 될 수 있지 않을까요?

### 변호사, 카페 사장 되다 _동네변호사카페

상상을 현실로 바꾸는 것은 용기만은 아닐 것입니다. 사람에 대한 믿음, 가끔은 아주 무모해 보이는 추진력과 상상력도 필요하지 않을까요? 저를 포함해 늘 하고 싶은 일은 많으나 실행에 옮기는 일은 적은 분들께 의정부 옛 중앙로에 위치한 특별한 카페를 소개해드리고 싶습니다. 갓 사법연수원을 수료한 변호사가 법률상담을 겸하는 카페 문을 열었습니다. 2012년 3월에 만나 인터뷰했고, 가을에 만나 다시 근황을 물었습니다. 2011년 말 생긴 이 카페는 기사를 본 사람들이 물어물어 찾아오거나, 단골들이 매일같이 찾아오는 동네 사랑방이 되어 있었지요. 2층 카페에 오는 사람들은 주로 청년들이고, 3층 법률사무소에 찾아오는 분들은 나이 지긋한 어르신들이 많다는 점도 흥미롭습니다. 두 자매가 운영하는 동네변호사 사무실과 카페는 세련된 공간 안에 정겨운 마음을 품고 있는 곳이기도 합니다.

변호사 사무실 하면 대개 법원 앞에 자리한 크고 화려한 로펌을 떠올리시겠지요? 이제 서른을 넘긴 신참내기 변호사 이미연은 완전히 다른 포부로 공간을 디자인했습니다. 돈이 없으면 법률서비스를 받을 수 없다는 인식을 바꾸기 위해 의정부 제일시장 초입에 '동네변호사카페'를 연 것이지요. 시내중심가에 인접하기는 해도, 꽤 한갓진 골목이어서 찾는 데 조금 애를 먹었답니다. 이변호사는 지역주민 누구라도 쉬이 드나들 수 있었으면 하는 바람에서 2층에서 커피를 팔고 3층에서는 법률상담을 하면서 법률사무소의 문턱을 아예 없앴습니다.

2012년부터 법학전문대학원(로스쿨) 출신의 변호사들이 등장하면서 사법고시 패스가 모든 걸 보장해주는 시대는 지나갔습니다. 이런 현실 앞에서 젊은 변호사들은 자신의 신념을 펼치면서 새로운 돌파구를 찾기도 합니다. 누구나 꿈꾸는 전문직종의 꿈을 이뤘음에도 이에 머물지 않고 지역사회와의 교감, 서민과 사회적 약자를 위한 법률지원 꿈을 당차게 실천하는 이미연 변호사도 그중 한 사람이지요. 법조 드라마에 흔히 등장하는 크고 화려한 건물에서의 삶을 꿈꿀 법도 한데 이변호사는 자신이 나고 자란 의정부에 변호사 사무실을 연 '남다른' 젊은이입니다.

저도 졸업하면 서울에서 일할 거라고 생각했어요. 경희대 법학과를 졸업했는데 학교 다닐 때도 커피를 좋아해서 홍대나 삼청동에 가곤 했죠. 프랜차이즈보다 작은 카페가 더 맛있더라고요. 근데 총여학생회에서 활동하면서 성폭력 문제의 심각성을 깨달았고, 그때부터 사법시험을 패스해 검사가 되기로 마음먹었어요. 보통 법대 친구들은 학교 고시반부터 시작해 정해진 절차대로 공부하면서 정보를 많이 얻어요. 저는 그냥 하던 대로 하면 되겠지 생각하니까 더 느긋했던 것 같아요.

청년 이미연에겐 이런 열망이 있었기에 전공인 법학 공부를 게을리 하지 않았습니다. 민법과 형사법, 상법, 헌법에 이르기까지 워낙 방대한 양을 공부하기 때문에 노하우가 없으면 힘든 사법고시를 혼자 묵묵히 공부했다는군요. 그 와중에 1년 정도 아르바이트도 하고 여행도 다녀오며 견문을 넓혔습니다. 법도 사람의 실생활과 연관되는 학문이 잖아요. 공부 외적인 경험을 하고 다양한 입장에 서보며 미래의 법조인으로서 자산을 쌓아나갔습니다.

그런데 사법고시의 관문은 거뜬히 넘었지만 법조인이 되는 건 생각만큼 녹록하지 않았답니다. 사법연수원에서 실무를 익히는 2년은 이변호사가 꿈꾸던 이상이 너무 먼 곳에 있다는 사실을 실감하는 기간이었지요. 학내에서 여성주의를 접하며 구성원 간의 수평적 관계에 익숙했던 그녀에게 법원의 조직문화는 켜켜이 경직된 벽으로 느껴졌습니다. 한낱 연수생에 불과한 처지이니 반기를 들 수도 없었고, 그냥 순응하려니 힘들었지요. 법을 공부하는 것과 실제 법조인이 되는 것은 여러모로 달랐기 때문에 오히려 연수를 거치면서 진로를 고민하게 되었습니다.

검찰청에서 수습으로 일하면서 내가 이 일을 하려고 그렇게 공부한 걸까 하는 회의도 들고요. 단지 돈을 많이 벌기 위해 힘들게 공부한 건 아닌데 하는 생각도 했어요. 우선 제가 즐거우면 훨씬 능률도 오를 것 같아서 일하고 싶은 공간을 직접 꾸리게 됐어요. 제 성향상 법원이나 검찰, 법률사무소에서 일하지 못할 것 같아서 의뢰인이 편하게 찾을 수 있는 카페 같은 사무실을 만들고 싶었어요.

마침 이질적인 성격의 공간이 한데 생겨나는 것을 보면서 이변호사도 '저거다!' 생각했습니다. 이제는 홍대앞 명소가 된 카페 겸 병원, '제너럴닥터' 이야기를 라디오에서 듣고 카페와 법률사무소의 만남이라는 아이디어를 떠올린 것이지요. 아직 걸음마 단계지만 '동네변호사카페'도 꼭 불행한 일을 겪거나 도움이 필요한 사람이 아니라도 언제나 와서 쉬다 가는 공간을 꿈꾼다고 이변호사는 힘주어 말합니다.

변호사 사무실은 보통 법원 앞에 있는데 크고 위압적인 간판이 좋게 보이지 않았거든요. 안 그래도 힘든 문제를 갖고 있는 사람들인데 편하게 하소연하러 갈 수 있는 공간은 아닌 것 같아요. 그래서 법원 앞에는 열지 않겠다고 생각했고 시장 근처를 돌아다니다 비어 있던 공간을 임대해 리모델링했어요. 사무실 취지를 말씀드리니 임대료도 깎아주시고 아는 분을 통해 인테리어도 저렴하게 했고요. 각종 디자인은 디자이너 출신인 동생이 했어요.

2011년 6월 사법연수원 실무수습이 끝날 무렵부터 준비해서 실제 창업까지는 3달 정도 걸렸다고 합니다. 2층 카페는 동생 이세나씨가

**제 성향상** 법원이나
검찰, 법률사무소에서
일하지 못할 것 같아서
의뢰인이 편하게 찾을 수 있는
카페 같은 사무실을
만들고 싶었어요.

운영하고, 3층 법률사무소는 언니 이변호사가 각각 맡아서 운영하고 있습니다. 손재주가 좋은 세나씨가 이것저것 뚝딱뚝딱 만들거나 꾸민 덕분에 제법 아늑한 공간과 소품들이 눈에 띄입니다. 커피를 좋아하고 일 자체에서 즐거움을 찾을 줄 아는 자매는 꽤 닮은 듯합니다. 아직 인건비를 정식으로 책정해서 지급할 만큼 자리잡은 것은 아니지만 카페 매출에서 재료비, 구입비를 제하고는 동생 인건비부터 지급한다 합니다. 수임료와 상담료 등에서 임대료와 관리비를 내고, 총 경영은 이변호사가 맡고 있죠. 보통의 초짜 자영업자들이 하듯이 가족끼리 일을 하지만 각자 독립된 영역에서 일하는 데다, 워낙 친밀하게 소통이 잘 되는 사이라 크게 스트레스받을 일은 없다고 합니다.

저희는 원래 아주 돈독해서 같이 살아도 밤새 수다를 떨 정도로 할 얘기도 항상 많고 이야기도 잘 통해요. 제가 혼자 일하기 때문에 일로 스트레스를 받거나 할 때 동생 붙들고 커피 마시면서 이런저런 얘기할 수 있으니까 좋죠. 업무적으로가 아니라, 인간적으로 털어놓을 수 있어서 더 좋은 것 같아요.(웃음)

둘다 진한 커피를 좋아하고 커피 맛에는 일가견이 있어서 그때그때 신선한 원두를 골라 사용하는지라 커피 맛으로도 뒤지지 않습니다. 세나씨가 직접 베이킹하는 브라우니, 치즈케이크, 당근케이크는 매일

정해진 양만 만드는데 커피나 음료와 함께 먹으면 든든한 끼니로도 손색없지요. 의정부만 해도 종류별로 카페를 골라서 다닐 수 있을 정도로 카페가 많이 생겼지만 직접 고른 원두로 내린 커피와 직접 구운 브라우니는 경쟁력이 있어 보입니다. 저는 날씨가 추워서 그런지 따뜻한 밀크티에 당근 케이크가 당겼습니다.

  2층에서는 향기로운 커피내음과 빵내음이 빈 속을 달래주지만 3층으로는 힘든 사연을 겪어 마음이 허한 사람들이 찾아듭니다. 아직 큰 금액의 소송건이 많지는 않지만 오랫동안 동네에 자리잡겠다는 소박한 목표를 이루기 위해 상담부터 차근차근 하고 있답니다. 정식으로 변호를 맡기 전에 법률상담비는 기본시간(30분~1시간)에 3만원이고, 수임료는 사건에 따라 다르지만 상대적으로 저렴하게 책정돼 있습니다. 보통 상담은 공짜라고 하지만 수임료로 큰돈이 오고가기 때문에 변호사 사무실의 문턱이 더 높게 느껴지거든요. 누구든 적은 비용으로 상담이라도 받을 수 있었으면 하는 게 이변호사의 바람이었다고 합니다. 사실 소송까지 가지 않아도 될 일이 많은데 법정공방을 시작하면 결과와 상관없이 시간이나 비용 면에서 엄청난 손해를 감수해야 하기 때문입니다. 그것을 감당하지 못하는 대부분의 서민은 법에 호소하는 것조차 꺼리게 되지요. 이변호사는 법률에 관한 기초적인 정보에서부터 주민들의 '가려운 곳'을 긁어주는 이웃 변호사로서의 소임에 힘쓰려 합니다. 예를 들면 이런 경우예요.

얼마 전에 할머니 한분이 오셨는데 집주인이 보증금을 돌려주지 않아 고민이셨대요. 1년이 넘도록 못 받던 돈을 제가 전화하니까 바로 돌려주더라고요. 변호사란 직함 자체가 가진 힘을 실감했어요. 법정까지 가지 않아도 될 일이 얼마나 많아요. 그러니 제가 도움 될 일도 많을 거고요.

이변호사가 할머니에게 받은 것은 상담료 몇만원과 선물(화장품)뿐이었지만 무엇과 바꿀 수 없는 보람을 느꼈다며 환하게 웃었습니다. 저도 주변에 이런 변호사 한 명만 있다면 좋겠다는 생각이 들더군요.
이변호사의 주된 관심이 성폭력 사건인 만큼, 장애인과 아동성폭력 피해자를 변호하기 위해 성폭력 전문 상담원 교육도 받았습니다. 때마침 성폭력 피해자를 돕는 '법률조력인 제도'가 생겨 성폭력 피해자의 2차 피해를 막는 '법률조력인'으로 활동하고 있다고 합니다. 무슨 말인지 모르시겠다고요? 특히 아동성폭력의 경우 수사과정이나 법정에서의 증언과정 자체가 트라우마가 되는 일도 종종 발생하는데, 이런 '2차 피해'를 막기 위해 피해자를 돕는 사람을 '법률조력인'이라고 부릅니다. 재판부가 성폭력 피해자에게 질문하거나 사실을 분별하기 위해 캐묻는 과정에서 피해자가 너무 긴장해 제대로 말을 못할 때가 많은데 이럴 때 도움을 주는 사람이지요.

법률조력인으로 제게 지정되는 성폭력 사건들을 진행하고 있어요. 아동 혹은 청소년이기 때문에 초기 상담은 가급적 피해자의 집이나 상담소 등으로 찾아가고 있어요. 수사하는 과정이나 재판절차에서 대부분 남성들을 대해야 하기 때문에 여성 변호사를 심리적으로 편하게 생각하며 다행이라고 말씀해주시는 분도 계세요.

'민주사회를위한변호사' 모임에서도 오랫동안 서민을 위한 지역 법률사무소를 꿈꿨다고 하는데, 정작 멋모르는 신참 변호사가 일을 낸 셈이지요. 함께 사법연수원에서 공부한 41기 동기들도 공익사건의 법률지원을 하는 단체 '희망법'을 창립했다 합니다. 오히려 자신은 편한 길을 선택한 거라나요.

돈 벌고 나서 하려면 평생 못하지 않을까요. 제가 좋아하고 잘 할 수 있는 분야에서 전문성을 쌓으면 자연히 수익도 따라올 것 같아요. 사실 서울이라면 이 정도 투자로 시작하지도 못했을 거예요. 제가 사건 기록 찾으러 법원에 가면 다들 직원인 줄 알아요.(웃음) 심지어 지금 시장이 되신 박원순 변호사는 새치가 많아서 유리했다는 우스갯소리가 있을 정도지요.

이렇게 보수적인 법조계에서 이토록 유연한 사고를 할 수 있는 것도 그가 젊은 여성이기 때문이 아닐까요. 곳곳에 혹은 동네마다 카페를 겸하는 이런 법률사무실이 생겨난다면, 사법제도에 대한 불신이나 '무전유죄 유전무죄'를 외치는 사람들도 없어질 것 같습니다. 지역사회와 꾸준히 교류하며 이 공간의 필요성을 더 많은 사람들에게 알리는 일 또한 필요하겠고요. 지역의 시민단체뿐 아니라 카페가 자리하고 있는 지역주민과의 접점을 찾는 일 또한 이변호사의 중요한 과제 중 하나입니다.

주변과의 접점을 마련하려고 노력중이지만 조급하게 생각하지는 않아요. 이곳 시장 상인들만 해도 10년 이상 장사를 해오신 분들이잖아요. 방금 굴러들어온 저를 신뢰할 수는 없죠. 저도 이곳에 속한 사람이라는 것을 자연스럽게 인식하도록 하는 것이 최선 아닐까요. 이 일을 생활 자체이자 삶으로 드러내면서 급하게 친한 척하지 않고 꾸준히 자리를 지키는 것이 우선이라고 생각해요.

귀농한 사람들은 종종 지역사회의 일원으로 받아들여지는 것이 제일 어렵다는 얘기를 합니다. 그 또한 대도시가 아닌 지역에서 산다는 것의 큰 부분일 텐데요, 시나브로 스며들듯 이웃이 된다는 것은 참으로 꾸준함과 한결같은 마음이 필요한 일인 것 같습니다. 지역 운동의 관점에서 카페가 어떤 공간으로 남아야 하느냐는 고민을 하신다면 이 변호사의 대답에서 어느 정도 해답을 찾으실 수 있습니다.

저도 아직 '동네가 대안이다' 정도의 생각인데 그것을 어떤 식으로 풀어가야 할지는 조금 더 고민이 필요할 것 같아요. 저희 아래층 약국만 해도 10년 이상 된 곳인데 이런 오래된 약국이 있다는 것만으로도 왠지 좋거든요. '동네변호사카페'도 자연스럽게 오랫동안 있었던 것 같은 공간으로 지역에 녹아들길 바라요. 요즘처럼 개폐업이 잦고, 금세 사라지는 그런 거 말고 그냥 그 자리에 머물러 있는 그런 공간, 생활과 삶이 있는 공간이었으면 좋겠어요.

### 몸도 마음도 웃는 녹색카페 _카페 이로운

갑자기 날씨가 추워진 어느날, 도무지 속이 가라앉지 않아 이곳 카페 '이로운'에 주저앉아 따끈한 호박죽 한 그릇을 먹은 적 있습니다. 호박 본연의 맛 외엔 다른 맛이 느껴지지 않아 다소 슴슴했지요. 거짓말처럼 체증이 쑥 내려간 것은 아니지만 따스함에 속언저리가 데워지는 듯했죠. 최근까지 살던 집 근처에 생긴 곳이라 몇번 와본 적이 있는데 카페에 붙은 각종 행사 안내문이며, 생협 소식지, 두물머리 후원 엽서를 보고 카페바인과 비슷한 곳이리라 짐작했습니다만, 대체 무슨 연유로 유기농 식자재를 쓰는 카페를 열었는지 궁금했습니다.

　'이로운'은 두레생협과 카페 작은나무가 있는 성미산 마을 초입에 있습니다. 경성고등학교 사거리에서 망원동 방면으로 접어들면, 왼편으로 우묵 들어가 있는 곳 1층이에요. 녹슨 듯한 철제 간판에 '이로운'이 새겨져 있는데 그렇다고 차가운 느낌은 아니에요. 통유리 문을 열면 꽤 넓은 공간인데, 좌석배치부터 공간에 상당히 신경을 많이 쓴 티가 납니다. 테이블당 좌석 수가 다양하여 여럿이 혹은 혼자서 오더라도 어디에 앉아야 할지 고민할 필요가 없고, 입식 테이블은 물론 좌식 의자까지 골라 앉는 재미가 있습니다.

　두 주인장과 의자를 당겨 마주 앉았습니다. 하얀 옷 때문인지 몰라도 분위기가 비슷해 언뜻 보면 남매나 부부처럼 보이는 두 사람은, 사실 각자 "짝이 있다"고 합니다. 정감이 가득한 표현이지요. '짝' 대신에 '옆지기'라 할 수도 있을 텐데 혼인 여부와 관계없이 삶의 큰 부분을 함께하는 파트너란 뜻입니다. 역시나 '보통 분'들은 아니었습니다. 생물학적 여성인 그루(닉네임)님은 사람 대하는 일을 좋아해서 굳이 나누자면 홀서빙을, 남성인 노형근씨는 10년 조리사 경력을 살려 음식의 맛을 내는 일을 주로 합니다. 그루님은 망원동에 산 지 2년이 되었고, 가까이 있는 여성단체 한국여성민우회 회원이기도 해서 이곳에 카페를 내게 되었다고 해요. 동업을 하는 두 사람은 십년지기 친구인 만큼, 마음이 잘 맞는 편이어서 운영에 있어서 특별한 의견차는 없다고 합니다.

2012년 5월에 열어서 5개월을 넘겼는데 서로 잘 조율하고 있어요. 처음 이야기가 나온 건 그 전해 10월 경이었는데 마침 여건이 마련되어서 같이 할 일을 찾다가 직접 만든 콩물을 파는 유기농 카페를 구상하게 된 거죠. 그동안 모은 돈을 출자해서 지난 1월부터 본격적으로 장소를 알아보고 준비했어요.

성미산 마을이 90년대 중반 공동육아부터 시작한 공동체인 만큼 건강한 먹을거리에 대한 이해가 높아서 유기농 카페로는 사실 이만한 입지가 없지요. 가구공방으로 사용하던 가게를 임대하고(다행히 권리금이 없었죠), 인테리어 시공을 맡긴 후에도 상의하면서 공간을 함께 채워나갔다 합니다. 하고자 하는 바가 명확했기에 판단이 어렵지는 않았지만 이 마을에 카페가 여럿 생겨서 찾는 이가 아직 많지는 않다는군요. '착한' 가게가 늘 그렇듯 원가가 높고 가게 일 자체가 많아서 카페를 널리 알리는 일에는 큰 힘을 쏟지 못하고 있습니다. '이로운 것을 함께 나누고 싶은 마음'은 있지만 '어떻게 나눠야 할지'의 전략은 뚜렷하지 않은 실정이라고 할까요. 점차 현실감각을 익히면서 여러 가지를 시도하거나 타진하는 중이라고 합니다.

둘 다 자영업은 처음이거든요. 막연한 전망이나 자신감 대신 지금은 현실적인 생각을 많이 해요. 간단한 먹을거리 외에 식사

**문턱을** 낮추는
시도에 응답하는 이들이
많아지길 바랍니다.
그래도 가장 훌륭한 마케팅은
'진심'인 것 같아요.

류도 새로 내놓고 음료값도 더 낮출 생각이에요. 쿠폰이나 할인 제도도 운영하고 있고요. 공간을 구상할 때 제일 먼저 떠올린 게 평상이에요. 다리 턱 뻗고 부담 없이 들를 수 있는 공간이 되었으면 한 거지요.

문턱을 낮추는 시도에 응답하는 이들이 많아지길 바랍니다. 그래도 가장 훌륭한 마케팅은 '진심'인 것 같아요. 주인장들은 무엇보다 그것을 잘하는 분들이라, 더디 가도 곧바로 갈 것 같았습니다. 특히 어릴 때부터 카페에 대한 로망이 있었다는 그루님에겐 오가는 손님을 유심히 관찰하고 또 편안하게 해주는 능력이 있었습니다.

트위터를 해도 가게 이야기는 잘 안 쓰는데, 손님이 트위터에 칭찬을 써주셨을 때 참 기쁘고 보람도 컸어요. 매장에서 플라스틱 용기를 안 써요. 남은 호떡을 싸달라고 하셔서 생협 종이호일에 싸서 종이봉투에 넣어드렸는데 그걸 좋게 보셨더라고요. 이렇게 손님 중에 괜찮은 분들이 있어요. 그리고 따로 오실 때 눈여겨본 두 분이 나중에 보니 커플이더라고요. 신기한 일이 가끔 있어요.

'이로운'은 조합원들에게 유기농 식재료를 공급하는 생활협동조합을 통해 식자재를 구입하고 있는데 개인사업장이다보니 물량이 많지 않아 도매가 아닌 소매가로 음료와 먹을거리를 구입한다고 합니다. 즉석에서 갈아 만드는 '콩물'의 고소한 맛은 시중에서 파는 두유나 유기농 두유와 비교하기 힘들고요. 커피도 공정무역 유기농 생두(아름다운커피)를 구입해 매일 매장에서 로스팅한답니다. 클레버 드리퍼로 내린 커피(3천원)만 취급하고 우유나 크림이 들어가는 바리에이션 메뉴는 없지요. 대신 다양한 채식음료가 달고 자극적인 맛에 길들여진 우리의 혀를 쉬게 해줍니다. 몸에 좋기로는 효소음료나 콩물이 으뜸아니겠어요. 두 분이 채식을 하기 때문에 거의가 채식 메뉴인데, 비채식인을 위해선 우유가 들어간 스콘이나 쿠키, 전병 같은 간식류, 그리고 임실 피자치즈로 만든 피자 등을 준비한다 합니다. 올리브유가 듬뿍 들어간 마늘 스파게티도 일품이죠. 참, 제철메뉴를 사용하기 때문에 그때그때 메뉴는 조금씩 달라질 수 있답니다. 음식이 담겨나오는 그릇도 대량생산되는 것이 아님을 한눈에 알 수 있지요.

같은 단체에서 회원으로 활동하는 작가(무지개빛)가 그릇을 다 만들어줬어요. 카페 입구 왼쪽 진열장에 전시된 작품도요. 주변에서 많이 도와주고 관심을 가져줬어요. 사실 저는 카페를 하면 사람들과 얘기를 많이 할 줄 알았어요. 근데 손님들은 혼자서 작업하시거나 일행이 있어도 조용한 편이에요.

카페는 서비스와 마실거리를 제공하는 곳이기에 늘 편한 관계로 만날 수만은 없을 겁니다. 하지만 형근씨는 처음으로 운영하는 가게인 만큼 손님을 예전보다 더 손님으로 느낀다고 합니다. '고객=왕'으로서의 손님이 아니라, 찾아와준 손님으로서 말이지요.

> 강요한 건 아니지만 자연스럽게 손님들이 사장님이라고 부르시더라고요. 그러니까 여긴 내 공간이라는 것이 실감이 나요. 조리사 할 때는 주방에서 일하니까 손님을 응대하는 경우가 거의 없어서 그냥 직장에 다니는 것과 비슷했는데, 지금은 손님을 직접 접하니까 내 집에 온 손님이란 마음이 큰 것 같아요.

유기농이나 생협에서 파는 재료가 좋은 줄은 알지만 비싸서 거리감을 느끼는 사람들에게 '이로운'은 좋은 디딤돌이 되어줄 듯합니다. 그런데 기꺼이 찾아준 이들에게 가능한 좋은 음식을 대접하는 것은 기본이지만 어쨌거나 수익이 나야 사업을 지속할 수 있겠지요. 아직은 수익을 낸다고 보기 힘들기에 마진을 조금 줄이더라도 더 많은 이들이 찾도록 애를 쓰는 중입니다. 트위터나 블로그를 보고 온 손님도 있고 동네에 연고를 둔 손님들도 제법 있다고 해요. 차차 알려지고 있고 무엇보다 채식하는 이들에게는 꽤나 반가운 소식이 아닐까 싶습니다.

지금껏 추석 연휴를 제외하고 가게는 쉼 없이 열려 있었답니다. 주말에 하루씩 쉬고, 평일에는 출퇴근 시간을 조정해 교대로 일한다 해요. 영업시간이 오전 11시부터 밤 10시까지로 긴 편이라 체력적인 부담을 줄이기 위해서입니다. 그루씨는 가게를 열고부터 단체 일이나 활동에 가지 못해 아쉬움이 크다고 합니다. 뭐든 몸에 익기 마련이지만 자영업의 가장 큰 어려움은 체력의 한계라고 해도 과언이 아니지요. 게다가 카페 일은 보기와 달리 거의 몸으로 하는 '노동'이거든요.

처음 한달 정도는 둘이 13시간을 풀로 일했어요. 일을 익히느라고요. 엄청 힘들더라고요. 지금은 9시간으로 줄여서 괜찮아요. 그래도 저녁시간에 뭘 배우거나, 집 안팎을 챙기거나 경조사 같은 데 잘 가지 못해요. 그게 좀 힘들죠.

두 사람 다 사업보다는 지속 가능한 미래에 관심이 많고, 향후 귀농할 계획을 갖고 있다고 합니다. 십년 쯤 후에 시골에서 직접 농사지은 콩으로 콩물을 대접할 두 분의 모습이 자연스럽게 떠오른 것도 그래서일 겁니다.

저희 둘 다 짝과 함께 넷이 귀농하는 게 꿈이에요. 가게 운영은 앞으로 5년 정도로 내다보고 있는데, '이로운'은 어떤 형태로든 지속될 수 있으면 좋겠어요.

공간에 대한 생각은 하루가 다르게 조금씩 달라지거나 구체적으로 덧붙여지기도 합니다. 그루씨는 좀더 정치적인 곳이 되길 바랐지만 '이로운'이 자리잡은 곳이 북적이는 도심이 아니라 동네인 만큼 큰 욕심은 자제하려고 마음을 먹었답니다.

> 손님 한분이 강정 포스터를 보고 저걸 왜 붙여놨느냐고 하시더라고요. 많은 생각이 들었어요. 음료를 마시고 쉬는 공간이니 원하는 손님만 받을 수 있는 건 아니잖아요. 도움이 필요한 곳을 도우면 착하고 안 돕는다고 나쁜 것도 아니고요. 동네가 아니었으면 더 정치적인 곳이 되었을지도 모르지요. 앞으론 주민들에게 저희를 알리는 계기를 만들려고 해요. 저희가 풍물패를 했었으니까 풍물 관련된 것이나 타로처럼 취미 강좌를 해보려고요. 아마 겨울방학 즈음이 될 것 같아요.

저는 '이로운'이 지금도 충분히 정치적이라고 생각합니다. 가능한 싼 재료를 써서 더 많은 이익을 내야 한다는 자본의 논리에 저항하면서 연대의 손길을 내밀 줄 아는 공간이니까요. 이웃한 '문턱 없는 밥집'을 지키기 위한 서명에 함께하고, 인근의 카페 '햇빛부엌'처럼 강좌를 열어 공간을 활용하는 등 지역주민과의 접점을 찾으려 노력하는 특별한 마을카페죠. 날이 더 추워집니다. 부담스럽지 않게 따스한 온

기가 있는 '이로운'에서 밥을 먹고, 음료를 마시고, 건너 테이블에서 이웃이 나누는 이야기에 슬며시 귀를 기울이고 싶습니다.

### 길고양이와 사람이 사이좋게 노니는 카페 _책읽는 고양이

굶어죽는 사람도 있는 마당에 '동물을 위한 권리'라 하면 고개를 갸우뚱하는 사람이 아직 많은 것 같습니다. 반려동물은 인간의 가장 좋은 파트너 중 하나죠. 고양이는 늘어가는 1인 가구의 적적함을 달래주는, 그리고 독립적인 성향상 키우는 것이 그다지 힘들지 않은 동물입니다. 인간이 내다버리거나 인위적으로 교배해 판매한 탓에 개체수가 늘어나면서 음식물 쓰레기나 뒤지는 존재로 업신여김을 당하지만, 사람은 사실 늘 약한 존재에게 가혹하게 굴지 않았나요? 길고양이도 도시의 뒷골목을 살아가는 많은 존재들 중 하나일 뿐이니 너무 무서워하거나, 놀라게 하지는 말아주세요. 사람이나 고양이나 다 먹고살자고 하는 것 아닌가요. 그런 의미에서 고양이 카페, '책읽는 고양이'도 더 잘됐으면 좋겠네요. 문을 연 지 어느덧 2년, 고양이 애호가들 사이에서 꼭 한번은 가볼 만한 '잇 플레이스'가 되었지만 먹여 살릴 입이 많다보니 아직은 고만고만한 모양입니다.

거대한 체구에 만사 귀찮은 듯 구석에 널부러진 노랑이 치치(1년 전만 해도 꼬꼬마 아기냥이었는데!), 사람은 거들떠도 안 보는 차도남 하비, 유일한 개냥이(개처럼 사람을 잘 따르는 고양이)로 고양이보다는 사람을 좋아하고 치대는 양갱, 길고 하얀 털을 손질하며 뽐내느라 바쁜 품종냥 포비.

'책읽는 고양이'는 모두 함께 지내기에 넓은 편은 아니지만, 하나하나 사연이 긴 고양이 식구들에게는 어느 곳과 견줄 수 없는 놀이터이자 삶터입니다. 열두 마리 중 대부분이 길에서 떠돌던 길냥이 출신이거나 주인을 잃어 오갈 곳 없던 아이들이니까요. 물론 길에서의 삶이 꼭 불행하기만 했던 것은 아닐 겁니다. 다만 지금은 배가 고프면 먹을 수 있는 사료가 언제나 그릇에 담겨 있고 아프면 돌봐줄 사람식구가 있으며 가끔은 귀찮고 짓궂게 굴기도 하지만 맘이 내키면 함께 놀아줄 수도 있는 사람들이 찾아오는 정도지요. 사실 이만하면, 고양이 팔자도 상팔자겠지만요.

길냥이들의 보금자리 '책읽는 고양이'를 처음 찾은 것은 2011년 봄이었습니다. 취재를 위해 열심히 키보드 품을 팔아 '발견'한 곳이었는데 일년이 넘어 다시 찾아도 여전하네요. 찾아가기는 좀 힘들어요. 9호선 흑석역을 나와 제법 북적거리는 거리를 가로지르면 간판들 사이로 2층에 자리한 '책읽는 고양이' 간판이 보여요. 입구에서는 고양이에게 세균을 옮기지 않기 위해 손소독제로 손을 청결히 하면 됩니다. 높다란 캣타워가 중앙에 있고 천장과 책장 위를 가로지르는 고양이 통로가 연결돼 있어요. 곳곳에 고양이와 놀기 위한 장난감이나 깃털

등이 있으니 파트타임 집사(반려인을 부르는 애칭)답게 열과 성을 다해 놀아드리면 됩니다.

  고양이 열두 마리가 오늘의 첫 손님을 무심한 듯 시크하게 반겨줍니다. 유일한 '접대냥' 양갱이 무릎에 올라와 치대며 개시손님치레를 해요. 먼저 사람에게 다가오는 일이 드문 고양이의 특성상, 이 정도면 특급대우인데요. 고양이를 괴롭히는 개념없는 사람에게 꼬장꼬장 잔소리하는 주인 덕에 고양이들은 여전히 고양이다운 삶을 영위하고 있어요. 그런데 아무리 사람보다는 고양이를 위한 곳이라지만 카페로서 더 많은 사람들에게 알려지고 수익을 내야 유지가 가능하겠지요. 커피가 더 많이 팔려야 냥이와 집사들의 복지(?)를 위해 쓸 수 있는 돈이 늘어날 테니까요.

  이곳을 꾸려가는 두 남매의 공식 호칭은 글쎄 회장님&사장님이에요. 회장 구혜미씨는 이곳의 '큰손', 그러니까 투자자인데 그간 직장을 다니며 허리가 휘도록 일해 모은 돈을 고스란히 이곳에 쏟아부었다고 해요. 아직은 원금보전도 못하고 있지만 주말 아르바이트를 제외하고는 평일을 고스란히 이곳에서 보내죠. 사장 구철민씨는 커피를 볶고 내리고 아이들을 돌보느라 휴일도 없이 지냅니다. 한달에 두 번, 쉬는 날에도 밥 챙기고 화장실을 치우러 나와야 하기 때문에 일과 휴식의 경계마저 없어진 지 오래예요. 그래도 고양이를 아는 삶은 그에게 새로운 기쁨을 선사해주었어요. 모든 것이 첫 고양이 '하비' 덕분이었지요.

'책읽는 고양이'
냥이들은
품종은 없어도
사연이 있는
아이들입니다.

하비는 미국에서 온 숏헤어(털이 짧고 흔히 길에서 볼 수 있는 고양이. 우리나라 품종은 코리안 숏헤어, 줄여서 '코숏' 이라 불러요) 종이에요. LA의 동물보호소에서 안락사 위험에 처한 아이를 친구에게 부탁해 항공료까지 200달러나 들여서 데려왔어요. 품종냥(족보가 있는 고양이. 보통 분양비를 내고 입양합니다)보다 비싼 고양이인 셈이죠. 너무 시크해서 사람들이 만지건 말건 그냥 가버려요. 수컷인데 늠름해서 인기가 많답니다.

공간을 구상하고 하나둘씩 데려온 아이들로 지금은 12마리의 대가족이 됐습니다. 보통 고양이카페의 고양이들은 대개 품종이 있는 귀하신 몸이지만 '책읽는 고양이' 냥이들은 품종은 없어도 사연이 있는 아이들입니다. 길에서 온 아이들은 건강검진도 받아야 하고 접종도 몇차례씩 해야 하니 아무래도 손이 많이 가게 마련이에요.

원래 고양이를 많이 키우던 사람은 아니어서 카페를 하려면 고양이를 데려와야 했지요. 그때 안타까운 소식을 들었는데 고양이 세 마리를 키우던 분이 사고를 당해서 중환자실에 계시다는 거예요. 친구분이 왔다갔다 하면서 밥만 챙겨주다가 고양이와 캣타워를 저희한테 부탁하셨어요. 그렇게 온 친구들이 유일한 품종냥인데 저희 식구로 계속 지내요.

부담없이 들를 수 있는 곳이었으면 해서 나름대로 싸게 책정한 커피 가격이 아메리카노 4천 7백원 수준. 홍대 근처에 우후죽순 생겨난 고양이 카페들은 최소 7천원에서 만원 선이에요. 지리적으로는 동네 카페지만 고양이 카페의 특성상 고양이가 좋아 멀리서 찾아오는 이들이 많고, 한번 엉덩이를 붙이면 쉬이 일어나기 힘든 것까지 따진다 치면 꽤 저렴한 가격이지요.

심지어 지방에서 찾아오는 분도 계세요. KTX매거진에 소개된 적이 있는데 올라오는 기차에서 기사를 보시고 당장 찾아오셨더라고요. 재밌게 놀다 가시는 분들을 보면 정말 뿌듯하죠. 고양이를 키우는 분들에게 인식이 좋은 곳이었으면 해서 일부러 간판도 작게 달았어요. 오가다 들르는 분들은 고양이에 대해 잘 몰라서 위험부담이 있거든요. 기왕이면 파는 것까지도 다 윤리적인 것으로 하고 싶어요. 일회용품을 완전히 안 쓸 수는 없지만 가능한 스틱보다는 티스푼을 드리는 식으로요.

공학도였던 구철민씨는 전산 직종에서 일하다 관련 사업을 준비하던 중 고양이를 위한 카페를 차리기에 이르렀다고 합니다. 커피를 워낙 좋아해 집에서 직접 로스팅을 해서 마시곤 했는데 이래저래 취미와 관심사가 자연스럽게 일로 이어진 셈입니다. 지금도 원두는 '아름다운커피'의 공정무역 생두를 들여와 직접 볶아서 내놓는다 해요. 생명을 보살피고 커피원두 생산자들의 삶에 조금이나마 보탬이 되는 참 뿌듯한 가게입니다. 냅킨은 무표백무형광 제품, 종이컵도 쓰지 않고 전단지조차 뿌리지 않았답니다. 가게에서 판매하는 쿠키도 장애인이 생산한 사회적기업 제품이고요. 인근에 대학이 있어 대학생들이 많이 찾을 것으로 예상했지만 주인장의 잔소리 때문인지 꾸준히 찾는 학생은 드물다고 해요. 반려동물에 대한 이해도, 공정무역에 대해서도 아직은 아는 사람이 많지가 않아서 아쉬운 점이 많답니다.

> 대학생이면 당연히 공정무역 정도는 알 거라고 생각했는데 그렇지 않더라고요. 일부러 학교 앞에 자리잡은 것도 있는데, 예상과 틀리더군요. 취업준비에 정신이 없어 그런 건지… 공정무역에 관한 홍보물도 비치해놓을까 했는데 그냥 물어보시면 알려드리는 정도예요. 찾아오시다보면 자연히 알게 되기도 하고요.

사실 고양이는 내키는 대로 마음껏 만질 수 있는 동물이 아니랍니다. 이곳의 가장 중요한 규칙도 "자는 고양이를 만지지 말라"는 것이거든요. 잘 때와 먹을 때를 조심하고 억지로 안아올리지 않는 등 고양이의 방식과 패턴을 조금만 존중해주면 된다는군요. 그러면 어느새 다가와 놀아달라고 귀찮게 할지도 모른답니다. 이곳은 길냥이도 도시

생태계의 어엿한 일원이자 훌륭한 친구가 될 수 있다는 사실을 배우는 교육의 공간이기 때문이죠. 한동안 갈 곳 없는 길냥이들을 임시로 보호하는 일도 했지만 길에서 지낸 아이들은 전염성 세균을 퍼뜨릴 우려가 있고, 한번 아프거나 병이 옮게 되면 병원비도 만만치 않기 때문에 가능한 현재 키우는 아이들을 돌보는 일에 집중할 생각이라고 합니다. (지난해부터 정부 정책에 따라 동물병원 진료비에는 10퍼센트의 부가세까지 붙거든요.)

주인장 말마따나 먹고 마시는 장사는 '3년'이 지나면 결판이 나기 때문에 앞으로 1년을 더 내다보고 할 작정이랍니다. 안되면 접어야겠지요. 어차피 연을 맺은 고양이들은 집에 데려갈 것이고 아이들을 아끼는 손님들은 집으로 초대하면 되니까요. 커피 한잔 값을 받아서 사료비로 충당하면 되니 현재 부담하는 임대료를 계산하면 오히려 나을 수도 있다는군요. 참으로 현실적인 계산법이지만 장사 때문이 아니라 생명을 책임지고 있는 입장에서는 이리저리 머리를 굴려보는 것이 당연합니다.

지난 2년 동안 느끼고 배운 바가 많으니 동물보호 단체에서라도 일하면 되지 않을까요? 장래 일에 대책은 세워두었지만 큰 걱정은 안해요. 할 수 있는 데까지 즐겁게 하면 되니까요. 많이는 안 바라고, 인건비 정도만 고정적으로 나와도 좋을 것 같아요.

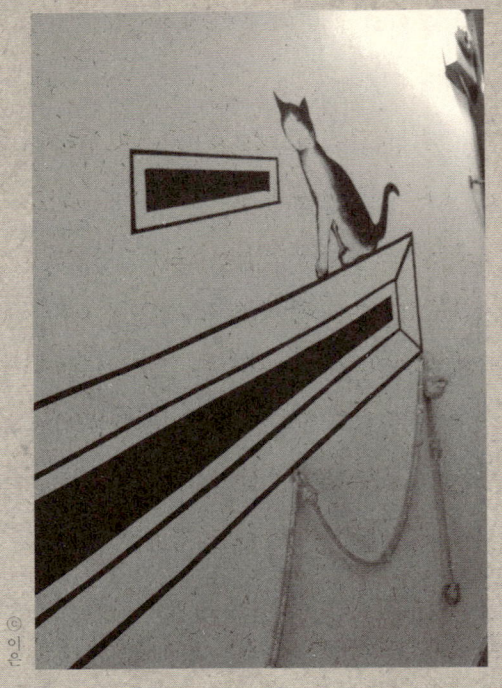

'책읽는 고양이'를
드나들며 느낀 바는
'본인이 잘할 수 있는 일을
즐겁게 하는 것'이
중요하다는 것입니다.

'책읽는 고양이'를 드나들며 느낀 바는 '본인이 잘할 수 있는 일을 즐겁게 하는 것'이 중요하다는 것입니다. 게다가 '고양이와 함께하는 행복'이라는 큰 덤도 있잖아요. 그래서 오늘도 고양이를 들일까 말까 망설입니다만, 그냥 자주 놀러오는 것이 나을지도 모르겠네요. 제 방식으로 고양이를 길들이는 것보다는 적당한 거리에서 예뻐해주고 아껴주는 편이 더 좋거든요. 넓은 시각으로 보면 인간과 반려동물은 사이좋게 공존해야 하는 존재입니다. 한길 속을 알 수 없는 사람처럼, 고양이도 예측 불가능한 존재이기에 더 사랑스럽고요.

## 착해도 망하지 않아

초판 1쇄 발행 | 2012년 11월 20일
초판 2쇄 발행 | 2015년  8월 25일

지은이 | 강도현
펴낸이 | 안병률
펴낸곳 | 북인더갭
등록 | 제396-2010-000040호
주소 | 410-906 경기도 고양시 일산동구 장항동 코오롱레이크폴리스 B-617호
전화 | 031-901-8268
팩스 | 031-901-8280
홈페이지 www.bookinthegap.com
전자우편 mokdong70@paran.com
트위터 @bookinthegap
페이스북 facebook.com/bookinthegap
북 디자인 | 디자인홍시

ISBN 978-89-964420-6-6 03320

● 이 책의 전부 또는 일부를 다시 사용하려면 반드시 저작권자와 북인더갭 모두의 동의를 받아야 합니다.
● 책값은 표지 뒷면에 표시되어 있습니다.